김창훈 교수 강해설교 시리즈 5

다윗

성경 인물의
하나님 중심적 이해와 적용

David _
Its Meaning
and Application

김창훈 교수 강해설교 시리즈 5

다윗

성경 인물의
하나님 중심적 이해와 적용

발행자 • 2018. 9. 15.

저 자 • 김창훈
발행인자 • 김미정

펴낸곳자 • 호밀리아
출판등록자 • 25100-2011-000033호
서울 노원구 상계2동 1282 상계2차 중앙하이츠 201-2002
총판처 • CLC 영업부 031)942-8761

가격은 표지 뒤에 있습니다.
잘못 만들어진 책은 바꾸어 드립니다.
이 책은 저작권법의 보호를 받는 저작물이므로 무단전재 및 무단복제를 금합니다.

머리말

하나님 중심적 다윗 설교를 시작하면서 …

제가 다윗이라는 인물에 초점을 맞추어 말씀을 전하고자 하는 몇 가지 이유가 있습니다. 먼저, 다윗에 대한 이야기는 내용이 그렇게 어렵지 않습니다. 로마서는 어려운 신학적인 용어들과 내용들이 많았고, 논리적으로도 치밀하게 구성되어 있기 때문에 집중해서 살펴보아야만 그 의미를 알 수 있었습니다. 그런데 다윗의 생애에 대한 말씀은 대부분 이야기로 되어 있습니다. 일반적으로 이야기는 논리적인 글보다 이해하기도 쉽고 재미도 있습니다. 뿐만 아니라 이야기는 우리의 신앙과 삶에 적용하기도 수월합니다.

다음으로, 제가 성경의 많은 인물들 가운데서 다윗을 택한 이유가 있습니다. 무엇보다도 다윗은 아브라함과 함께 구속사의 중심에 서 있습니다. 하나님께서는 우리 인간을 구원하기 위한 계획 속에서 아브라함을 부르시고 이스라엘이라는 민족을 이루셨습니다. 그런데 그 아브라함을 통한 하나님의 구원 계획과 약속이 다윗이라는 인물을 통해 분명해지고 구체화 된 것을 알 수 있습니다. 성경은 예수님의 족보를 설명할 때 대표적으로 아브라함과 다윗을 언급하고 있고(마 1:1), 성경에서 예수님의 대표적인 호칭 가운데 하나로 '다윗의 자손'이라는 칭호를 사용합니다. 그만큼 다윗은 하나님의 구속사에 있어서 중요한 위치를 차지하고 있습니다.

뿐만 아니라 성경은 다윗을 하나님의 마음에 합한 사람이라고 평가하고, 그를 뒤 따르는 모든 왕들의 선악 간에 기준으로 말씀합니다. 다시 말해, 성경을 보면 선하고 정직한 왕들은 '다윗과 같았다'고 말씀하고, 악하고 하나님을 실망시킨 왕들을 '다윗과 같지 않았다'고 합니다(참고. 왕상 11:4, 15:11, 왕하 14:3, 16:2, 18:3, 대하 17:3, 34:2-3). 그래서 그런지 성경은 성경의 모든 인물들 가운데 다윗의 생애에 관해서 가장 많은 분량을 할애하고 있습니다. 예를 들어, 믿음의 조상들인 아브라함과 요셉에 대해서는 14장, 야곱은 11장을 할애해서 그들의 생애를 기록했는데, 다윗은 역대상의 기록을 제외하더라도 40장 이상이 할애되었습니다. 역대상까지 포함하면 60장 정도가 다윗의 생애를 기록하고 있습니다(삼상[16장]+삼하[24장]+왕상[2장]+역대상[19장]). 그것은 그만큼 다윗의 생애가 주는 교훈이 많다는 것을 증명합니다.

제가 다윗이라는 인물에 초점을 맞추어 말씀을 나누면서 바라는 소원과 기도의 제목이 있습니다. 그것은 다윗의 생애를 살펴보면서 우리 모두도 '다윗과 같이 하나님의 구원 역사에 쓰임 받는 인생,' '하나님의 마음에 합한 사람이라고 평가받는 인생,' 그리고 '위대한 신앙의 모델이 되는 인생'이 되었으면 좋겠다는 것입니다. 하나님께서 그 은혜를 우리 모두에게 주시기 원합니다(본문 중에서).

김 창 훈

목 차

1. 사무엘상 8:1-7; 15:17-31
   우리에게 왕을 주소서! _ 7

2. 사무엘상 16:1-13
   하나님의 마음에 합한 사람 _ 27

3. 사무엘상 16:14-17:58(16:14-23; 17:41-49)
   다윗을 무대의 중심으로 올리시는 하나님 _ 47

4. 사무엘상 18:1-20:42(18:1-16)
   우리를 돕는 두 부류의 사람들 _ 67

5. 사무엘상 21-22장(21:1-6; 22:11-23)
   인생의 광야에 내몰릴 때 _ 85

6. 사무엘상 23:1-29
   쓰임새를 위해 맞춤으로 _ 103

7. 사무엘상 24-26장(24:1-15; 25:32-38)
   신앙과 삶의 양면성 _ 121

8. 사무엘상 27-31장(27:1-7; 30:1-6)
   대조되는 두 부류의 신앙과 사람 _ 141

9. 사무엘하 1-5장(삼하 5:1-5)
   작가요 연출가이신 하나님 _ 161

10. 사무엘하 6-10장(삼하 7:8-17)
    우리는 언약 백성입니다 _ 177

11. 사무엘하 11-15장 (12:7-15)
    우리는 약하고 악해질 수 있는 존재입니다 _ 197

12. 사무엘하 16-20장(17:1-14)
    머리를 들어주시는 하나님 _ 215

사무엘상 8:1-7; 15:17-31

우리에게 왕을 주소서!

앞으로 얼마 동안은 다윗이라는 인물에 초점을 맞추어 하나님 말씀을 살펴보면서 은혜를 나누고자 합니다.[1] 제가 다윗이라는 인물에 초점을 맞추어 말씀을 전하고자 하는 몇 가지 이유가 있습니다. 먼저, 다윗에 대한 이야기는 내용이 그렇게 어렵지 않습니다. 로마서는 어려운 신학적인 용어들과 내용들이 많았고, 논리적으로도 치밀하게 구성되어 있기 때문에 집중해서 살펴보아야만 그 의미를 알 수 있었습니다. 그런데 다윗의 생애에 대한 말씀은 대부분 이야기로 되어 있습니다. 일반적으로 이야기는 논리적인 글보다 이해하기도 쉽고 재미도 있습니다. 뿐만 아니라 이야기는 우리의 신앙과 삶에 적용하기도 수월합니다.

다음으로, 제가 성경의 많은 인물들 가운데서 다윗을 택한 이유가 있습니다. 무엇보다도 다윗은 아브라함과 함께 하나님의 구

---

1) 본서의 다윗에 대한 인물 설교는 내러티브의 대표적인 특징인 '플롯'에 초점을 맞추지 않고, 분석적으로 접근하고자 한다. 다시 말해, 다윗과 관련된 내러티브 본문들을 순서적으로 플롯을 파악하고 드러냄으로 강해 형식으로 설교하는 것도 가능하지만(여호수아서 참조), 그러한 접근 방식은 긴 기간을 필요로 한다. 따라서 본서에서는 내러티브(다윗의 생애)를 분석하고 평가함으로 이야기를 통해 드러내기 원하시는 하나님의 뜻과 의도를 발견하고 그것을 우리의 신앙과 삶에 적용할 것이다.

속사 중심에 서 있습니다. 하나님께서는 우리 인간을 구원하기 위한 계획 속에서 아브라함을 부르시고 이스라엘이라는 민족을 이루셨습니다. 그런데 그 아브라함을 통한 하나님의 구원 계획과 약속이 다윗이라는 인물을 통해 분명해지고 구체화 된 것을 알 수 있습니다. 성경은 예수님의 족보를 설명할 때 대표적으로 아브라함과 다윗을 언급하고 있고(마 1:1), 성경에서 예수님의 대표적인 호칭 가운데 하나로 '다윗의 자손'이라는 칭호를 사용합니다. 그만큼 다윗은 하나님의 구속사에 있어서 중요한 위치를 차지하고 있습니다.

뿐만 아니라 성경은 다윗을 하나님의 마음에 합한 사람이라고 평가하고, 그를 뒤 따르는 모든 왕들의 선악 간에 기준으로 말씀합니다. 다시 말해, 성경을 보면 선하고 정직한 왕들은 '다윗과 같았다'고 말씀하고, 악하고 하나님을 실망시킨 왕들을 '다윗과 같지 않았다'고 합니다(참고. 왕상 11:4, 15:11, 왕하 14:3, 16:2, 18:3, 대하 17:3, 34:2-3). 그래서 그런지 성경은 성경의 모든 인물들 가운데 다윗의 생애에 관해서 가장 많은 분량을 할애하고 있습니다. 예를 들어, 믿음의 조상들인 아브라함과 요셉에 대해서는 14장, 야곱은 11장을 할애해서 그들의 생애를 기록했는데, 다윗은 역대상의 기록을 제외하더라도 40장 이상이 할애되었습니다. 역대상까지 포함하면 60장 정도가 다윗의 생애를 기록하고 있습니다(삼상[16장]+삼하[24장]+왕상[2장]+역대상[19장]). 그것은 그만큼 다윗의 생애가 주는 교훈이 많다는 것을 증명합니다.

앞으로 얼마동안 제가 다윗이라는 인물에 초점을 맞추어 말씀을 나누면서 바라는 소원과 기도의 제목이 있습니다. 그것은 다윗의 생애를 살펴보면서 우리 모두도 '다윗과 같이 하나님의 구원 역사에 쓰임 받는 인생,' '하나님의 마음에 합한 사람이라고 평가 받는 인생,' 그리고 '위대한 신앙의 모델이 되는 인생'이 되었으면 좋겠다는 것입니다. 하나님께서 그 은혜를 우리 모두에게 주시기 원합니다! 오늘은 이스라엘의 왕정 제도에 대해서 그리고 그 왕정의 첫 번째 왕이었던 사울에 대해서 함께 살펴보면서 은혜를 받고자 합니다.

이스라엘의 왕정 제도

먼저, 이스라엘의 왕정 제도에 대해 알아보겠습니다. 하나님께서는 기적적으로 이스라엘을 출애굽 시키시고 가나안으로 인도하셨습니다. 그러나 하나님의 놀라운 능력을 경험한 사람들이 이 땅을 떠나자 이스라엘은 그들을 구원하신 하나님의 은혜를 잊고 죄를 지었습니다. 그로 말미암아 이스라엘은 사사기에 기록되어 있는 것처럼 하나님의 징계를 경험해야 했습니다. 이스라엘은 어려움을 당하면 회개하였고, 하나님께서는 그 회개와 간구를 들으시고 그들을 다시 회복시켜주셨습니다. 그러나 얼마 지나지 않아 이스라엘은 또 다시 죄를 지었습니다. 징계를 경험하면 다시 회개하고 회복되는 과정이 사사 시대를 통해 계속 반복되었습니다. 그렇게 어려움을 겪는 과정에서 이스라엘이 계속적으로 요구하는 소원이 있었습니다. 그 소원은 '이방 나라들처럼' 인간 왕이 있었으면 하는 것이었습니다. 사사기 8:22-23에 그것이 잘 나타납니다.

그 때에 이스라엘 사람들이 기드온에게 이르되 당신이 우리를 미디안의 손에서 구원하셨으니 당신과 당신의 아들과 당신의 손자가 우리를 다스리소서 하는지라. 기드온이 그들에게 이르되 내가 너희를 다스리지 아니하겠고 나의 아들도 너희를 다스리지 아니할 것이요 여호와께서 너희를 다스리시리라 하니라.

왕을 달라고 한 이스라엘의 요구에 기드온은 단호하게 인간 왕이 아니라 하나님께서 이스라엘을 다스려야 한다고 말합니다. 그러한 왕에 대한 요구는 사무엘 시대에 이르러 절정에 이르렀습니다. 오늘 본문 사무엘상 8장을 보면, 사무엘이 늙고 그의 아들들이 사사가 되었는데 그들은 부패하였고 제대로 역할을 감당하지 못했습니다(1-3절). 그러한 상황에서 장로들이 사무엘을 찾아와서 "모든 나라와 같이(모든 다른 나라들이 하는 것처럼)" 왕을 요구하였습니다(5, 20절). 그 백성들의 요구에 대해서 사무엘이 하나님께 물어보았습니다. 하나님께서는 "그들이 너를 버림이 아니요 나를 버려 자기들의 왕이 되지 못하게 함이니라!"고 단호하게 말씀하십니다(7절). 계속해서 10-18절에서 왕정 제도에 대한 경고의 말씀을 주십니다. 너희가 세울 왕은 너희에게 도움이 되는 것이 아니라 오히려 너희를 힘들게 할 것이고 너희는 그의 종이 될 것이라고 말씀합니다. 하지만 이스라엘은 사무엘의 경고에도 불구하고 계속해서 왕을 요구합니다(19—22절). 결국 하나님께서는 왕정 제도를 허락하십니다(22절). 그 후에 9-12장은 이스라엘의 첫 번째 왕으로 사울이 세워지는 과정을, 13-15장은 그 사울 왕의 통치 모습을 기록하고 있습니다.

여기에서 우리가 생각할 것이 있습니다. 여러분, 왕정 제도 자체는 좋은 것입니까? 아니면 바람직하지 않는 것입니까? 쉽게 이야기하면, 왕정 제도가 선한 것입니까? 아니면 악한 것입니까? 제가 대답할 수 있는 것은 왕정 자체는 결코 나쁘거나 악한 것은 아니라는 것입니다.

우리가 잘 아는 것처럼, 왕은 국가의 지도자입니다. 모든 공동체(또는 국가)에서 지도자는 필요합니다. 이스라엘도 예외가 아니었습니다. 하나님께서는 이스라엘 민족의 지도자로 모세와 여호수아를 세우시고, 계속해서 사사들을 세워 이스라엘을 이끌어가도록 하셨습니다. 또한 하나님께서 세우신 지도자들은 하나님의 구원 계획과 뜻을 이루는데 있어서 중요한 역할을 감당했습니다. 뿐만 아니라 만약 왕정 제도 자체가 나쁘거나 이스라엘에게 절대적으로 손해가 되는 일이라면 아무리 이스라엘이 왕을 달라고 해도 하나님께서 절대로 허락하지 않으셨을 것입니다. 그러나 하나님께서는 이스라엘에게 왕정 제도를 허락하셨습니다. 또한 신명기에도 이미 왕정 제도에 대한 지침을 제시하셨고(신 17:14-21),[2] 사사기 21:25도 이렇게 결론을 내립니다.

> 그 때에 이스라엘에 왕이 없으므로 사람이 각기 자기의 소견에 옳은 대로 행하였더라(참고. 삿 17:6; 18:1; 19:1; 21:25)

이 말씀의 의미에 대해 다양한 견해들이 있지만, 저는 이 말씀

---

[2] 신명기 17:14-21에 왕에 대한 규례가 나와 있는데, 왕의 조건으로 크게 두 가지를 말씀한다. 하나는 하나님만을 의지하는 것이고 다른 하나는 전적으로 하나님께 순종하는 것이다. 왕은 정치적/군사적 능력보다도 믿음의 본이 되어야 함을 강조하고 있다.

이 왕 되신 하나님이 그들에게 없었다는 것을 의미하기도 하고, 백성의 지도자로서 인간 왕의 필요성을 말하기도 한다고 생각합니다. 그런데 성경은 이스라엘의 왕정 제도에 대해 부정적인 결론을 내립니다. 호세아 13:9-11은 다음과 같이 말씀합니다.

> 이스라엘아 네가 패망하였나니 이는 너를 도와주는 나를 대적함이니라. 전에 네가 이르기를 내게 왕과 방백들을 주소서 하였느니라. 네 모든 성읍에서 너를 구원할 자 네 왕이 이제 어디 있으며 네 재판장들이 어디 있느냐? 내가 분노하므로 네게 왕을 주고 진노하므로 폐하였노라.

왕정 제도의 시작도 좋지 않았고, 마지막도 좋지 않았다는 것입니다. 왕정 제도는 이스라엘 패망의 원인이 되었음을 말씀합니다.

이스라엘의 문제는?

그러면 왕정 제도와 관련하여 이스라엘의 문제는 무엇입니까? 무엇보다도 동기가 잘못되었습니다. 이스라엘이 왕을 원할 때 무엇이라고 했죠? "모든 다른 나라들처럼" 그들을 다스릴 왕을 달라고 했습니다(삼상 8:5, 20). 무엇이 문제죠? 한 마디로 하면, 그들이 이방 나라들과는 차원이 다른 하나님께서 선택한 특별한 백성임을 포기한 것입니다. 하나님께서는 그들에게 특별한 은혜를 주셔서 그들을 구원하셨고, 지금까지 그들에게 이방 나라들과는 다른 차원의 특별한 은혜와 사랑을 베풀어주셨습니다. 그런데 그들이 이방 나라들처럼 왕을 요구한 것은 그들에게 베푸신 하나님의 은혜를 잊어버리고 인정하지 않는 배은망덕한 일이었고, 하나님에 대한 믿음을 포기한 것입니다(참고. 삼상 10:18-19상; 12:8-9상; 12:12). 그렇기 때문에 하나님께서는 인간 왕을 구한 것을 진정한 왕이신 하나님 자신을 버린 것이라고 합니다. 결국 하나님께서는 기쁨과 즐거움으로 왕을 주시지 않았고 분노함으로 왕을 주셨던 것입니다.

다음으로 왕정 제도가 세워지는 과정도 문제였습니다. 설령 그들의 동기가 잘못되었어도 왕정 제도 자체는 필요한 것이었고, 또한 왕이 제대로 역할을 감당하면 왕정 제도는 이스라엘이 하나님을 더욱 잘 섬기는데 유익하고 도움이 되는 제도였습니다. 하나님께서는 그것을 기대했고, 사무엘도 그렇게 되기를 간절히 소원하면서 기도했습니다(참고. 삼상 12: 20-25). 그래서 사무엘은 사울 왕을 세우면서 왕정 제도가 잘 되었으면 하는 바람으로 거듭거듭 경고의 메시지를 전하고 있습니다(삼상 12:13-14, 25). 뿐만 아니라 이스라엘 백성들도 사무엘의 권면과 경고를 듣고 잘못된 동기를 인정하며 앞으로 잘하겠다고 다짐했습니다. 사무엘상 12:19입니다.

> 모든 백성이 사무엘에게 이르되 당신의 종들을 위하여 당신의 하나님 여호와께 기도하여 우리가 죽지 않게 하소서 우리가 우리의 모든 죄에 왕을 구하는 악을 더하였나이다.

그런데 결과가 어떻습니까? 동기가 잘못되었다고 할지라도 그 과정에서 하나님께서 주신 기회를 제대로 살렸으면, 다시 말해 왕들이 리더로서 제대로 그 사명을 감당했으면 좋았을 것입니다. 하지만 이스라엘의 역사를 보면 어떻습니까? 거의 대부분의 왕들이 이방신들과 우상들을 섬기면서 하나님께서 미워하시는 일들을 했습니다. 하나님의 기대를 완전히 저버린 것입니다. 결국 왕정 제도는 이스라엘 멸망의 원인이 되었고, 하나님께서는 분노함으로 왕정 제도를 폐하셨습니다. 정리하면, 얼마든지 선이 될 수 있는 왕정 제도가 잘못된 동기와 잘못된 과정을 통해 실패로 돌아갔습니다.

구별됨의 포기

그러면 왕정 제도가 실패한 가장 근본적이고 중요한 문제가 무엇이었는지 살펴볼 필요가 있습니다. 저는 '하나님의 백성으로서 구별됨 또는 정체성의 상실 또는 포기'라고 생각합니다. 하나님께서 이스라엘을 구원하신 다음에 가장 크게 강조했던 것이 무엇이죠? "너희들은 하나님의 구별된 백성이기 때문에 구별된 백성으로서 의식을 갖고 다른 이방 민족들과는 구별되게 살아야 한다"는 것입니다. 그래서 가나안을 점령하면서 "가나안 백성들을 완전히 진멸하라!"고 명령했습니다. 왜 그랬습니까? 함께 있으면 그들에게 자연스럽게 동화되거나 영향을 받지 않을 수 없었기 때문이었습니다. 또한 율법의 가장 중요한 초점도 구별됨에 있었습니다. 예를 들어, 무엇을 먹고 무엇을 먹지 말아야 하는 음식법도 그렇고, 할례를 행한 것도 그렇습니다. 매일 먹으면서, 또는 용변을 보면서 하나님의 백성이라는 정체성을 기억하고 구별되게 살라는 것입니다.

그런데 이스라엘은 이방과 같이 왕을 구할 때도 왕정 시대가 진행될 때도 하나님의 선택된 백성으로서의 구별됨(정체성)을 전혀 보여주지 못했습니다. 이스라엘은 왕정 제도를 세우고 진행하는 과정에서 하나님께서 그들에게 가장 중요하게 강조하고 요구한 부분을 놓쳐버렸습니다. 하나님께서 진노하시고 분노하신 것은 당연한 결과입니다.

사랑하는 여러분,
제가 종종 말씀드린 것 같은데, 오늘날 교회도 마찬가지입니다. 오늘날 교회를 향해서도 하나님께서 가장 중요하게 요구하시는 것은 구별됨 또는 정체성의 확립입니다. 하나님께서는 오늘날 교회도 세상의 기관이나 단체들과는 다른 하나님의 은혜와 사랑을 받은 독특하고 특수한 공동체로서의 교회의 모습을 유지하고 보여주기를 원하십니다. 또한 세상이 직접 하나님을 경험하지 못하기 때문에 구별된 교회의 모습을 통해 모든 신들과 구별되신 하나님을 보여주기를 원하십니다.
하지만 오늘날 한국 교회는 그렇지 못한 것 같습니다. 수요 예배에 오신 여러분들은 알고 계시고, 또한 알아야 하는데 지금 한국 교회는 참으로 심각한 위기 가운데 있습니다. 물론 하나님께서 지금까지 한국 교회에 부어주신 은혜는 이루 말로 다 할 수 없고, 지금도 큰 범위에서 그 은혜는 유지되고 있습니다. 그러나 90년 중반부터 한국 교회는 정체되었고, 지금은 감소 추세입니다. 교회들을 방문해 보면 많은 교회들이 현상 유지만 해도 잘하고 있는 것이라고 합니다. 실제로 여러 기관들의 설문 조사를 보면, 주요 종교 가운데 어느 종교를 신뢰하느냐는 질문에 대개 천주교 1위, 불교 2위 그리고 기독교의 순서입니다.3) 물론 교회와 기독교에 대해 왜곡된 부분도 있고, 그것이 절대적인 평가 기준이라고는 할 수 없지만, 결코 가볍게 넘겨서는 안 될 문제라고 생각합니다.

그렇기 때문에 많은 학자들과 한국 교회를 염려하는 많은 분들도 오늘날 한국 교회 위기의 대표적인 원인을 정체성의 상실이라고 합니다. 마치 이방 나라들과 같이 왕을 달라고 요구한 당시의 이스라엘처럼, 교회가 특별한 하나님 백성의 공동체로서의 모습을 제대로 보여주지 못하고 있는 것이 한국 교회 위기의 가장 중요한 원인이라는 것입니다. 저도 그 부분에 대해 동의합니다.

그러면 이러한 상황에서 개인적으로 우리가 할 일은 무엇입니까? 먼저 기도하는 것입니다. 사무엘상 12:23에서 사무엘은 기도의 쉬는 죄를 범치 않겠다고 했습니다. 여러분! 우리는 개인과 가정과 우리 교회를 위해서도 기도해야 하지만, 나라와 한국 교회 전체를 품고 기도하는 것도 성도의 의무입니다. 특별히 위기의 상황에서 우리가 한국 교회 전체를 위해 할 수 있는 최고의 기도의 제목은 '교회의 교회다움의 회복'이라고 믿습니다. 또한 교회의 교

---

3) '한국목회자협회'가 비종교인을 대상으로 종교별 신뢰도를 평가한 결과 천주교 26.2%, 불교 23.5%에 이어 기독교는 18.9%로, 주요 종교 중 기독교가 가장 낮았다(한국목회자협의회, 『한국기독교 분석리포트』, [서울: 도서출판 URD, 2013], 159). 기윤실도 2008년부터 6년 동안 4차례에 걸쳐 한국교회의 사회적 신뢰도를 측정했는데, 3년 만에 실시한 2013년 조사에서 종교 간 신뢰도 비교에서 기독교는 주요 종교 가운데 꼴찌를 기록했다. 19세 이상 1000명의 대상자는 가장 신뢰하는 종교에 가톨릭 29.2%, 불교 28%, 기독교 21.3% 순으로 답했다. 특히 종교가 없는 응답자 중 기독교의 신뢰도는 8.6%에 불과했다.

회다움을 위해 기도할 때 한국 교회들 안에서 싸움 또는 분쟁이 사라지고 사랑으로 하나 될 수 있기를 기도해야 할 것입니다. "싸우지 말자"는 우리 교회가 가장 중요하게 강조하는 모토인데요, 지금 한국 교회가 교회다움을 회복하기 위해 가장 절실하게 필요한 부분이라고 생각합니다. 최근 10-20년 사이에 교회 문제로 인한 재판 건수가 기하급수적으로 늘었습니다. 많은 교회들이 교회 문제의 해결을 위해 소위 '비대위(비상대책위원회)'를 구성하고 있습니다. 최근 들어 한국 교회 안에 '정관' 만들기 열풍도 불고 있습니다. 그러나 그러한 방법이나 제도들이 교회의 문제들을 결코 해결해 주지 않습니다. 오히려 문제를 키우는 경우가 훨씬 많습니다. 이러한 교회의 모습들을 보면서 때로는 좌절하기도 하고, 때로는 도저히 해결의 기미가 보이지 않는 상황에서 암담하게 생각되기도 합니다. 이러한 상황에서 우리는 한국 교회를 위해 기도하기를 쉬는 죄를 범치 말아야 합니다.

다음으로 각자가 하나님께서 허락하신 삶의 영역에서 구별된 모습을 보여주어야 합니다. 저는 하나님께서 하나님의 백성인 우리에게 요구하시는 가장 포괄적이고 중요한 개념이 구별된 삶이라고 생각합니다. 마태복음 5-7장의 산상수훈에서 가장 크게 강조하는 것도 바로 구별된 삶입니다. 저에게 늘 도전을 주며 결단하게 하는 말씀이 있습니다. 마태복음 5:46-48입니다.

> 너희가 너희를 사랑하는 자를 사랑하면 무슨 상이 있으리요 세리도 이같이 아니하느냐 또 너희가 너희 형제에게만 문안하면 남보다 더하는 것이 무엇이냐 이방인들도 이같이 아니하느냐 그러므로 하늘에 계신 너희 아버지의 온전하심과 같이 너희도 온전하라

참으로 무시무시한 말씀입니다. 물론 이 말씀 앞에 당당히 설 수 있는 사람은 아무도 없을 것입니다. 이 말씀의 최소한의 요구는 무엇입니까? 성도는 최소한 세상 사람들과 같은 수준으로 살아서는 안 된다는 것입니다.

저는 저를 모르는 사람이 저의 말이나 행동을 보고 "혹시 목사님 아니세요!"라는 말을 들으면 참 기분이 좋습니다. 그리고 부족하지만 목사라는 타이틀에 부끄럽지 않게 살기 위해서 많이 노력합니다. 질문 하나 하겠습니다. 여러분들은 성도로서 직장이나, 동창들이나 친구들과의 만남에서, 가족들에게 들을 수 있는 최고의 칭찬이 무엇이라고 생각합니까? 저는 성도들이 들어야 할 최고의 칭찬은 "(긍정적으로) 예수 믿는 사람이세요!" 또는 "예수 믿는 사람은 달라!"라는 말이 아닐까 생각합니다. 아멘입니까? 우리 모든 성도들이 말, 행동, 생각, 가치관 등이 세상 사람들과는 구별된 삶을 살 수 있기를 간절히 바랍니다. 우리 성도들이 한국 교회 전체를 위해서 많은 일은 못한다고 할지라도 한 사람 한 사람이 구별되어 예수 그리스도의 향기를 풍긴다면 기독교와 교회는 회복될 줄 믿습니다. 뿐만 아니라 하나님의 백성으로서 구별됨을 유지하고 보여줄 때 우리는 세상 사람들이 경험할 수 없는 하나님의 특별하고 놀라운 은혜와 사랑을 경험하게 될 줄 믿습니다. 그 하나님의 특별한 은혜를 우리 모두가 놀랍고 풍성하게 경험하기를 간절히 바랍니다.

이스라엘의 첫 번째 왕: 사울

이제 이스라엘의 첫 번째 왕인 사울 왕에 대해 살펴보겠습니다. 이스라엘이 왕을 원했기 때문에 하나님께서 왕을 주셨는데, 그 왕이 바로 사울입니다. 그런데 사울 왕은 실패했고 버림받았습니다. 사울 왕에 대한 기록은 13-15장에 나와 있는데, 다음 주에 자세히 살펴보고요, 오늘은 사울 왕의 실패가 주는 교훈에 대해서 보겠습니다. 사무엘상 13-15장에 사울 왕과 관련하여 세 가지 이야기가 소개되고 있는데, 사울이 버림받은 결정적인 잘못이 13장과 15장에 기록되어 있습니다.

먼저, 13장의 사건은 이스라엘이 블레셋과의 대치 상황에서 일어난 일입니다. 그 전쟁에서 사무엘과 사울이 약속을 하였는데, 사무엘이 정한 기한에 오지 않았습니다. 사울은 기다리지 않고 스스로 번제를 드렸습니다(13:9). 번제를 대신 드린 사울에게 사무엘은 청천벽력과 같은 말을 합니다. 사무엘상 13:13-14입니다.

> 사무엘이 사울에게 이르되 왕이 망령되이 행하였도다 왕이 왕의 하나님 여호와께서 왕에게 내리신 명령을 지키지 아니하였도다 그리하였더라면 여호와께서 이스라엘 위에 왕의 나라를 영원히 세우셨을 것이거늘 지금은 왕의 나라가 길지 못할 것이라 여호와께서 왕에게 명령하신 바를 왕이 지키지 아니하였으므로 여호와께서 그의 마음에 맞는 사람을 구하여 여호와께서 그를 그의 백성의 지도자로 삼으셨느니라 하고

15장은 이스라엘과 아말렉의 전쟁에 관한 사건입니다. 하나님은 사울에게 아말렉을 친 후에 모든 소유를 남기지 말고 진멸하라고 명령하십니다(3절). 또 한 번 사울은 하나님의 명령을 어깁니다. 9절을 보면, "사울과 백성이 아각과 그의 양과 소의 가장 좋은

것 또는 기름진 것과 어린 양과 모든 좋은 것을 남기고 진멸하기를 즐겨 아니하고 가치 없고 하찮은 것은 진멸하였다"고 합니다. 그 때 사무엘이 아주 유명한 말씀을 합니다.

여호와께서 번제와 다른 제사를 그의 목소리를 청종하는 것을 좋아하심 같이 좋아하시겠나이까 순종이 제사보다 낫고 듣는 것이 숫양의 기름보다 나으니 이는 거역하는 것은 점치는 죄와 같고 완고한 것은 사신 우상에게 절하는 죄와 같음이라(삼상 15:22- 23상).

결론적으로 23절, 26절, 28절에서 다음과 같이 말씀합니다.

사무엘이 사울에게 이르되, 나는 왕과 함께 돌아가지 아니하리니 이는 왕이 여호와의 말씀을 버렸으므로 여호와께서 왕을 버려 이스라엘의 왕이 되지 못하게 하셨음이니이다. 사무엘이 그에게 이르되 여호와께서 오늘 이스라엘 나라를 왕에게서 떼어서 왕보다 나은 왕의 이웃에게 주셨나이다.

여기에서 우리가 생각해 보아야 할 것이 있습니다. '왜 사울이 왕으로서 버림받았을까?' 하는 것입니다. 물론 사울에게 잘못이 있었고, 처음의 모습을 유지하지 못했습니다. 다음 주에 좀 더 자세히 살펴보겠지만, 사울 왕의 관점에서 보면 억울한 부분도 있고, 그의 행동을 어느 정도 납득할 수도 있었습니다. 나중에 다윗도 실수를 하고, 어쩌면 더 큰 죄를 짓기도 했습니다. 그런데 하나님께서 사울에게는 훨씬 혹독하고 엄격하게 대하신 것 같습니다. 왜 그랬을까요? 하나님께서 불공평하신 분이신가요? 아니면 하나님께서 그냥 아무 의도 없이 그렇게 하셨을까요? 결코 그렇지 않습니다. 하나님께서 사울을 징계하시고 왕으로서 버림받게 하신 것은 이스라엘 백성들과 오늘날 우리들에게 교훈하시고자 하는 것이 있으셨기 때문입니다. 저는 크게 두 가지라고 생각합니다.

좋은 제도나 방법보다도 믿음이 중요하다

하나는 하나님께서는 사울 왕의 징계를 통해 이스라엘과 우리에게 이방 나라와 같이 인간 왕을 구한 것의 잘못을 알게 하셨습니다. 이스라엘은 이방나라와 같이 왕이 있으면 그들의 당면한 문제들이 해결될 것으로 생각하였습니다. 실제로 주변에 그런 결과를 얻는 나라들도 있었습니다. 뿐만 아니라 사울은 이스라엘에서 그와 짝할 사람이 없을 정도로 특별하고 탁월한 자였습니다(삼상 9:2; 10:24). 사울의 나중 모습은 사무엘조차도 전혀 예상하지 못한 바였습니다. 사무엘은 사울의 실망스런 모습을 보고 근심하며 온 밤을 기도할 정도였습니다(삼상 15:11). 하지만 모든 사람들의 기대와 소원과는 다르게 사울은 하나님께 버림받았고, 실패한 왕이 되었습니다. 결국 하나님은 사울 왕의 실패를 통해 일반적으로나 상식적으로는 아무리 좋은 제도나 방법이라고 할지라도 그리고 아무리 뛰어난 사람이 그러한 제도나 방법을 실행한다 할지라도 하나님께 배은망덕하고 하나님을 저버릴 때 실패할 수밖에 없음을 보여주셨습니다.

사랑하는 성도 여러분, 하나님께서는 구별되고 특별한 하나님의 백성과 하나님을 알지 못하는 이방인들을 대하시는 방법이 다를 때가 많습니다. 이것은 마치 여러분의 자녀와 여러분과 상관없는 아이들을 대하는 방법이 다른 것과 같습니다. 여러분 어떠세요? 여러분의 자녀와 여러분과 상관없는 아이들을 똑같이 대합니까? 아니면 다르게 대합니까? 여러 가지 이유 때문에 우리는 결코 동일하게 대하지 않습니다. 하나님께서는 세상 사람들이 마음대로 어떤 일을 하여도 그냥 놔두시는 경우가 많습니다. 그러나 하나님의 백성들이 하나님의 은혜를 잊어버리고 하나님의 은혜와 상관없이 어떤 일을 하면 하나님은 결코 그냥 놔두시지 않습니다. 똑같은 상황에서 똑같은 일을 한다할지라도 하나님의 백성들과 하나님을 알지 못하는 사람들이 경험하는 결과는 다를 수 있다는 것입니다. 하나님께서 하나님의 백성들이 무슨 일을 하든지 가장 중요하게 요구하시는 것은 믿음으로 시작하고 믿음으로 진행하는 것입니다. 그것이 일의 성패의 기준입니다. 자녀를 키울 때도 그렇고, 사업을 해도 그렇고, 직장 생활에서도 그렇습니다. 하나님께서는 사울 왕의 실패와 버림을 통해 하나님의 백성의 일의 성패는 어떤 방법이나 제도나 사람의 능력이 아니라 하나님 안에서 하나님을 믿는 믿음으로 감당하는 것이 중요한 것임을 교훈하고 있습니다.

일반화의 오류를 범하지 말자

다른 하나는 사울 왕의 징계와 왕으로서 버림을 받은 것은 특별한 케이스라는 것입니다. 하나님께서 사울 왕은 왕정 제도 이후에 첫 번째 왕이기 때문에 다른 왕들과는 다르게 특별하게 대하셨습니다. 성경을 보면, 하나님께서 대개 첫 번째는 특별하게 다루시는 것을 알 수 있습니다. 가나안을 정복할 때 아간의 경우나 초대 교회의 아나니아와 삽비라의 경우가 그 대표적입니다. 하나님께서는 그들을 일반적인 경우와는 다르게 엄격하게 대하시고 징계하셨습니다. 그들을 통해 하나님의 백성이 어떻게 살아야 할지를 분명히 보여주셨습니다. 이것은 마치 군대에 가면 군기를 잡기 위해서 초반에는 혹독하게 다루는 경우와 유사하다고 할 수 있습니다. 사울 왕의 경우도 마찬가지입니다. 하나님께서는 첫 째 왕인 사울을 통해 앞으로 이스라엘의 왕들이 갖추어야 할 진정한 모습이 무엇인지 부정적인 방법으로(또는 징계를 통해) 보여주신 것입니다.

여기에서 우리가 기억할 것은 이스라엘 왕정의 첫 번째 왕으로서 사울 왕의 실패와 징계를 우리 모두에게 동일하게 적용해서는 안 된다는 것입니다. 물론 모든 성도들에게 동일하게 적용하시는 하나님의 일반적인 원칙이 있습니다. 그리고 대체로 일반적인 원칙에 따라 성도들을 다스리십니다. 그러나 하나님께서는 성도들과 불신자들을 다르게 대하실 뿐 아니라 성도들도 대상과 상황에 따라 다르게 다루신다는 사실을 기억해야 합니다. 마치 우리가 다섯 살짜리 아이를 대하는 것과 대학생 자녀를 대하는 것이 다른 것과 같습니다. 또한 비슷한 연령이라도 아이들이 처한 상황이나 능력에 따라 다르게 대하는 것과 같습니다. 만약 연령이나 상황을 전혀 고려하지 않고 다 똑같이 대하는 것은 공평한 것이 아니라 지혜가 없는 것입니다. 성경에서 말씀하는 대로 많이 맡긴 자와 적게 맡긴 자에게 요구하시는 것이 다를 수밖에 없습니다. 그것이 또한 공평한 것입니다.

그렇기 때문에 우리는 신앙생활을 하면서 소위 '일반화의 오류'에 빠지지 않도록 주의해야 합니다. 어려운 말 같은데요, 이런 의미입니다. 조금 전에 말씀드린 대로 하나님께서는 사람에 따라 상황에 따라 적절하게 대하실 수 있는데, 일반화의 오류란 하나님의 일반적인 원칙을 모든 사람들에게 모든 상황에서 예외 없이 적용하는 것입니다. 우리는 신앙생활을 하면서 종종 하나님께서 다른 사람과 다르게 나를 대하시는 것을 경험합니다. 소수가 걸리는 질병으로 고통 가운데 있을 수 있고, 다른 사람보다 큰 어려움을 경험할 수도 있습니다. 다른 사람들은 기도 응답도 잘 되는 것 같은데 나만 안 되는 것 같고, 다른 사람보다 더 믿음으로 살기 위해서 최선을 다했는데 일도 잘 풀리지 않는 것 같다고 느껴질 때도 있습니다. 그렇지 않나요? 그 때 우리는 다른 사람과 비교하면서 "하나님께서 왜 나(또는 우리 가정)에게 이렇게 대하시지!" 하면서 억울하게 생각할 수 있고, 낙심하거나 좌절하거나 원망할 수 있습니다. 이것이 일반화의 오류입니다.

조금 더 예를 들어보겠습니다. 두 사람이 똑같은 시간 동안 하나님께 기도한다고 하나님께서 두 사람에게 항상 똑같은 응답을 주시나요? 반드시 그렇지는 않습니다. 얼마든지 대상이나 상황에 따라 응답이 다를 수 있습니다. 또한 두 사람이 똑같이 주님을 위해 헌신하고 충성한다고 하나님께서 두 사람에게 항상 같은 차원의 은혜와 사랑을 베푸시나요? 반드시 그렇지는 않습니다. 주님께서 대상과 상황에 따라 다른 차원의 은혜와 사랑을 베풀어 주실 수 있습니다. 물론 항상 그렇지는 않습니다. 제가 드리는 말씀은 주님의 은혜는 우리의 기도와 수고와 헌신에 반드시 비례하지는 않는다는 것입니다. 대상과 상황에 따라 다를 수 있다는 것입니다. 그러나 분명한 것은 하나님께서 사울의 실패를 통해 이스라엘 전체에 유익되도록 하셨던 것처럼, 어떤 일의 과정이나 결과의 일부분이 우리를 힘들게 할 수 있지만, 좀 더 크게 보면 그 모든 것이 나에게 유익하고 적절하기 때문에 그러한 일들을 허락하신다는 것입니다.

뿐만 아니라 우리는 다른 사람들을 대할 때도 일반화의 오류에 빠지지 않도록 주의해야 합니다. 다시 말해, 나라는 특수한 사람과 내가 처해 있는 특수한 상황이나 환경을 고려하지 않고 나를 대하시는 하나님을 다른 사람들에게 똑같이 적용하면서 판단하는 것입니다. 물론 항상 그렇지는 않지만 그것이 오류일 수도 있습니다. 왜냐하면, 다른 사람에게는 내가 알지 못하는 하나님과의 비밀이 있고, 또한 그 사람을 향한 내가 알지 못하는 하나님의 뜻과 섭리가 있을 수 있기 때문입니다. 그런데 나의 기준으로 또는 일반적인 원리로 평가하고 판단하는 것은 일반화의 오류를 범하는 것입니다. 그 대표적인 사람들이 바로 욥의 친구들입니다. 우리는 모든 사람을 대할 때 그 사람만이 가질 수 있는 특별함이 있음을 기억하며 대해야 합니다.

말씀을 맺겠습니다.

오늘은 이스라엘의 왕정 제도와 사울 왕의 실패에 대해서 함께 살펴보았습니다. 왕정 제도와 사울 왕의 실패를 통해 교훈 받은 것은 하나님께서는 우리에게 그 무엇보다도 구별된 삶과 하나님을 전적으로 신뢰하는 삶을 원하신다는 것입니다. 그렇기 때문에 우리는 범사에 하나님을 인정하고 하나님을 믿는 믿음 안에서 모든 일을 시작하고 진행해야 합니다. 뿐만 아니라 사울의 실패와 버림받음은 일반적인 경우가 아니고 특별한 경우임을 말씀드렸습니다. 이를 통하여 저는 일반화의 오류에 빠지지 않기를 주의해야 한다고 말씀드렸습니다. 하나님께서 성도와 불신자들을 다르게 다루실 때가 있고, 성도들도 대상과 상황에 따라 다르게 다루실 수 있다는 것입니다.

사무엘상 16:1-13

하나님의 마음에 합한 사람

지난주에 우리는 이스라엘의 왕정 제도와 그 왕정 제도의 첫 번째 왕이었던 사울 왕에 대해서 살펴보았습니다. 왕정 제도 자체는 선하고 필요한 것이었지만, 그 시작과 과정이 잘못되었기 때문에 결국 왕정 제도는 실패했습니다. 이스라엘 왕정 제도가 실패한 가장 중요한 이유는 하나님께서 가장 중요하게 여기시는 '하나님 백성으로서의 구별됨(또는 정체성)'을 상실했기 때문이었습니다. 또한 첫 번째 왕이었던 사울도 왕으로서 하나님께 버림을 받았습니다.

사울 왕의 실패를 통해 하나님께서는 하나님 백성의 성패(成敗)는 제도나 방법 그리고 인간적인 탁월함이나 능력에 의해 결정되는 것이 아님을 교훈합니다. 하나님께서 하나님의 백성들에게 가장 중요하게 요구하시는 것은 하나님을 의지하고 신뢰하는 믿음입니다. 하지만 사울 왕의 실패와 버림받음을 우리 모두에게 그대로 적용하기에는 어려운 부분들이 있습니다.

왜냐하면 사울 왕은 이스라엘의 첫 번째 왕이었기 때문에 하나님께서 보통 사람들이나 다른 왕들보다도 훨씬 엄격하고 특별하게 대하셨기 때문입니다. 그렇기 때문에 우리 스스로에게도 그리고 다른 사람에게도 '일반화의 오류'를 범하지 말아야 한다고 말씀드렸습니다. 다시 말해, 하나님께서 모든 사람에게 동일하게 적용하시는 일반적인 원칙이 있지만, 대상과 상황에 따라 하나님께서 다르게 대하실 수 있음을 인정해야 한다는 것입니다.

예를 들어, 두 사람이 똑같이 기도해도 대상과 상황에 따라 기도 응답의 내용과 기간이 다를 수 있습니다. 그렇지만 분명한 것은 하나님께서는 각 사람에게 가장 적절하고 유익한 조치를 취하신다는 것입니다. 쉽게 이야기하면, 하나님께서 모든 것을 합력하여 선을 이루십니다. 이 믿음이 있을 때 우리는 모든 상황에서 낙심하거나 좌절하거나 원망하지 않을 줄 믿습니다.

다윗에게 기름을 붓다

오늘 본문은 하나님께서 미래의 왕으로 다윗을 택하시고, 사무엘을 통해 그에게 기름 붓는 과정과 장면이 기록되어 있습니다. 1절입니다.

> 여호와께서 사무엘에게 이르시되 내가 이미 사울을 버려 이스라엘 왕이 되지 못하게 하였거늘 네가 그를 위하여 언제까지 슬퍼하겠느냐 너는 뿔에 기름을 채워 가지고 가라 내가 너를 베들레헴 사람 이새에게로 보내리니 이는 내가 그의 아들 중에서 한 왕을 보았느니라 하시는지라

사울 왕으로 말미암아 슬퍼하고 있었던 사무엘에게 하나님께서는 이새의 아들 가운데 한 사람을 '예비' 하셨으니까, 그 사람에

게 가서 기름을 부으라고 말씀합니다. 우리 말 성경에는 '보았다 (רָאָה)'고 되어 있는데, 이것은 문자적인 번역입니다(개역 성경은 "예선하였다"고 했습니다). 대부분의 영어 성경은 의미를 살려서 '예비하셨다(provide)' 또는 '택하셨다(choose)'고 번역하고 있는데, 저는 이 번역이 더욱 바람직하다고 생각합니다.

이제 사무엘은 하나님의 명령대로 이새의 집으로 갔습니다. 가서 첫 째 아들인 엘리압을 보니 외모가 준수하고 기품이 있어 보였습니다. 그 사람인가보다 하고 생각하는데, 하나님께서 아니라고 하셨습니다. 그러면서 유명한 말씀을 하십니다. 7절입니다.

> 여호와께서 사무엘에게 이르시되 그의 용모와 키를 보지 말라 내가 이미 그를 버렸노라 내가 보는 것은 사람과 같지 아니하니 사람은 외모를 보거니와 나 여호와는 중심을 보느니라 하시더라.

여덟 명의 아들 가운데 일곱 명을 지나게 하였는데, 다 하나님께서 택하지 않으셨다고 말씀합니다. 사무엘은 이새에게 다른 아들이 없느냐고 물으니까 이새가 양을 돌보는 막내아들이 있다고 합니다. 그래서 그 아들을 데리고 오기 전까지는 식사하지 않겠다고 강하게 이야기합니다. 마침내 다윗이 왔는데, 그를 보자마자 하나님께서 다윗에게 기름을 부으라고 합니다. 기름을 붓자 그가 하나님의 영에 크게 감동하였고, 사무엘이 그곳을 떠났다는 것이 오늘 본문의 내용입니다.

다윗이 택함을 받은 것은?

그러면 오늘 본문에 기록되어 있는 대로, 하나님께서 다윗을 택하셔서 기름 부어 세우시는 과정을 통해 하나님께서 우리에게 주시는 교훈은 무엇입니까? 먼저 1절을 보면, 우리 말 성경에는 빠져 있는데, 원문을 보면, "나(하나님)를 위해"라는 말이 있습니다. 3절에도 "나를 위해" 기름을 부으라고 말씀합니다. 하나님께서 한 사람을 '예비하시고' 세우심이 하나님 자신을 위함이라는 것입니다. 여기에서 "나(하나님)를 위해" 라는 말씀은 여러 가지 의미가 있을 수 있지만, 저는 넓은 의미에서 '하나님의 뜻과 계획을 이루기 위해' 라고 이해하는 것이 무난하리라 생각합니다. 또한 '하나님께서 하나님 자신을 위해 한 사람을 예비하셨다' 는 말씀은 하나님께서 '주도적이고 주권적으로' 한 사람을 택하셨음을 내포하고 있습니다. 이렇게 말씀드릴 수 있는 것은 무엇보다도 다윗의 선택이 예언의 성취였기 때문입니다. 하나님께서는 타락한 우리 인간을 위한 구원 계획 속에서 아브라함을 택하셨습니다. 그를 통하여 이스라엘의 12지파를 이루었는데, 12지파 가운데 하나님의 구원 계획이 '유다 자손'을 통해 이루질 것을 야곱을 통해 예언하셨습니다(창 49:8-12). 이제 때가 되었습니다. 하나님께서 약속하시고 예언하신 구원 역사를 완성해 가는 과정에서 유다의 후손이었던 다윗이 택함 받았던 것입니다.

오늘 본문에는 다윗이 선택받은 또 다른 측면이 기록되어 있습니다. 7절에 하나님께서 택하는 사람의 기준이 외모가 아니라 중심이라고 말씀합니다. 사무엘상 13:14에서도 하나님께서 사울을 폐할 것을 말씀하시면서 하나님의 마음에 드는 자를 찾으실 것이라고 하셨습니다. 다윗이 하나님의 택함을 받은 것은 중심을 보시는 하나님께 그의 중심이 합당한 자였기 때문임을 말씀하는 것입니다.

여기에서 우리는 하나님께서 다윗을 택하시고 하나님의 구원 계획과 뜻을 이루어가는 과정에서 하나님의 주권과 섭리 그리고 인간 다윗의 준비됨이 절묘하게 조화를 이루고 있음을 알 수 있습니다. 실제로 성경을 보면 한 편에서는 우리의 우리 됨이 하나님의 절대적인 주권과 은혜로 되었다고 말씀하시고, 다른 한 편에서는 우리의 수고와 노력 그리고 헌신과 최선이 결코 무시하지 않음도 말씀합니다. 예를 들어, 사도 바울을 보십시오. 그는 하나님께서 자신을 만세 전에 택하셨다고 하고 자기의 자신 된 것이 철저히 하나님 은혜라고 고백합니다. 그런데 다른 한 편으로는 그 은혜를 따라 자신이 최선을 다해 수고한다고도 말씀합니다. 또한 디모데후서를 보면 많은 그릇 가운데 하나님께서는 깨끗한 자를 쓰신다고 하시면서, 쓰임받기에 합당하라고 말씀하십니다.

지난번 로마서를 강해하면서도 한 편으로는 나의 수고와 노력이 전적으로 무익한 것처럼 100% 주님의 주권과 은혜를 의지하고, 다른 한 편으로는 하나님의 주권과 은혜가 전혀 작동하지 않는 것처럼 내가 최선을 다해야 한다고 말씀드렸습니다. 믿음 안에 있으면 이 둘은 결코 충돌하지 않습니다. 저는 그것이 너무도 분명히 믿어지고 전혀 충돌이 되지 않는데, 여러분들은 어떤가요?

오늘은 하나님의 주권과 섭리 부분은 접어두고, 사울과 다윗을 통해 우리가 하나님께 합당한 자가 되어 하나님의 구원 사역에 쓰임받기 위해 하나님께서 요구하시는 것이 무엇인지를 함께 살펴보겠습니다. 오늘 본문에서는 하나님께서 다윗을 예비하시고 기름 붓는 과정을 보면 다윗의 중심 또는 마음이 하나님께 어떻게 합당했는지 구체적으로 말씀하지는 않습니다. 그런데 13장을 보면 그 힌트를 얻을 수 있습니다. 13장에서 사울이 하나님을 실망시킬 때 하나님께서 그의 모습과 반대되는 개념으로 하나님의 마음에 합한 자를 세울 것이라고 말씀하십니다. 그러니까 하나님께서는 13-15장에서 사울 왕이 버림받게 된 대표적인 사건들을 기록케 하심으로 다윗이 왜 하나님께 합당하였는지 그리고 앞으로 왕들이 어떠해야 하는지를 보여주셨습니다. 뿐만 아니라 사울의 모습을 통해 우리가 다윗과 같이 하나님의 구원 역사에 쓰임받기 위해 그리고 하나님의 마음에 합한 사람이 되기 위해 우리에게 요구하시는 것이 무엇인지도 교훈하십니다.

절대적으로 순종하는 사람

이제 하나씩 하나씩 살펴보겠습니다. 먼저 13장을 보겠습니다. 13장의 사건은 사울이 왕이 된 지 2년이 지난 후에 발생한 사건입니다(1절). 이스라엘과 블레셋이 대치 상황에 있었는데, 양쪽의 군사력에 많은 차이가 있었습니다. 이스라엘의 군대는 3천명이었는데, 블레셋 군사들은 10배가 넘는 대군이었습니다(5절). 아마 양쪽 군대가 대치되는 상황에서 사무엘과 사울 사이에 약속이 있었던 것 같습니다. 일주일 후에 사무엘이 전장에 가서 하나님께 번제를 드린 다음에 사무엘의 지시에 따라 전쟁을 하기로 되어 있었던 것입니다. 그런데 사무엘이 정한 기한에 오지 않았습니다. 그러는 사이에 군사들은 두려워하여 흩어졌고, 급기야는 약 600명만 남았습니다(15절). 사울은 사무엘을 기다리지 않고 스스로 번제를 드렸습니다(9절). 그 때 사무엘이 나타나 사울을 심하게 꾸짖으면서 왕의 나라가 길지 못할 것이라고 말했습니다.

이 상황에서 사울의 잘못이 무엇인지에 대해 학자들의 견해가 약간씩 다르지만, 핵심은 사울이 하나님의 명령을 지키지 않은 것입니다. 물론 인간적으로만 보면 사울의 행동은 어느 정도 이해가 됩니다. 그렇지 않아도 이스라엘의 병력이 절대적으로 적었는데, 그들마저도 두려워하며 흩어지는 상황이었고, 또한 정한 시간이 되어도 사무엘이 나타나지 않았던 것입니다. 그럼에도 불구하고 사무엘은 하나님의 말씀을 어긴 것은 하나님 앞에서 큰 죄라고 지적하고 있습니다.

여기에서 우리가 생각해야 할 것은 왜 사울이 사무엘을 기다리지 못하고 번제를 드렸을까 하는 것입니다. 저는 사무엘상 14:6의 요나단의 믿음의 고백이 답을 준다고 생각합니다.

> 요나단이 자기의 무기를 든 소년에게 이르되 우리가 이 할례 받지 않은 자들에게로 건너가자 여호와께서 우리를 위하여 일하실까 하노라 여호와의 구원은 사람이 많고 적음에 달리지 아니하였느니라

사울 왕은 전쟁의 승패가 사람의 숫자나 군사력에 있지 않고

하나님께 달려 있는 것을 믿고 사무엘을 기다렸어야 했는데, 사울은 자기들보다 훨씬 많고 강하게 보이는 블레셋 군대 앞에서 백성들이 두려움 때문에 흩어지는 상황을 보면서 두려움과 불안함과 조급함이 생겼던 것입니다.

15장은 이스라엘과 아말렉과의 전쟁에 관한 사건을 기록하고 있습니다. 하나님은 사울에게 아말렉을 친 후에 모든 소유를 남기지 말고 진멸하라고 명령하십니다(3절). 하지만 또 한 번 사울은 하나님의 명령을 어깁니다. 가장 좋은 것을 남긴 것입니다(9절). 그 때 사무엘이 아주 유명한 말씀을 합니다(삼상 15:22).

> 여호와께서 번제와 다른 제사를 그의 목소리를 청종하는 것을 좋아하심 같이 좋아하시겠나이까 순종이 제사보다 낫고 듣는 것이 숫양의 기름보다 나으니

이 사건에서도 사울의 잘못의 핵심은 역시 하나님의 말씀에 불순종한 것입니다. 사울은 눈앞에 있는 좋은 것들을 다 진멸하고 싶지 않았습니다. 하나님께서 요구하시는 것은 100% 순종인데, 사울은 눈앞에 보이는 좋은 것들에 대한 탐심 또는 욕심 때문에 하나님께 드린다는 그럴듯한 명분으로 100% 순종하지 않았고 좋은 것들을 남겨두었던 것입니다. 그래서 하나님께서는 사울을 왕 세운 것을 후회하셨다고 말씀합니다.

> 내가 사울을 세워 왕 삼은 것을 후회하노니 그가 돌이켜서 나를 좇지 아니하며 내 명령을 이루지 아니하였음이니라(삼상 15:11. 참고 삼상 15:35).

여기에서 하나님께서 후회하셨다는 것은 하나님께서 과거에 잘못 판단했다거나 또는 실수를 했다는 것을 의미하지는 않습니다. 사무엘상 15:29에서도 "이스라엘의 지존자는 거짓이나 변개함이 없으시니 그는 사람이 아니시므로 결코 변개치 않으심이니이다"고 말씀합니다. 이 말씀은 사울이 제대로 사명을 감당하지 못한 것에 대한 그리고 그렇게 심판하고 징계할 수밖에 없는 것에 대한 하나님의 안타까움의 표현이라고 할 수 있습니다. 그러한 하나님의 마음을 알았던 선지자 사무엘도 불순종한 왕의 모습에 대하여 크게 근심하면서 밤새도록 슬퍼하며 울며 기도하였다고 말씀합니다.

정리하면, 13장과 15장에서 사울이 왕으로서 하나님께 버림받은 가장 중요한 이유는 무엇이었죠? 그것은 불순종이었습니다. 하나님께서는 이 사건들을 통해 당시 이스라엘 왕들과 백성들 그리고 오늘날 우리들에게 하나님께 합당한 사람으로 쓰임받기 위해 하나님께서 가장 중요하게 요구하시는 것은 모든 상황에서 하나님의 말씀에 절대적으로 순종하는 것임을 말씀하고 있습니다. 어떠한 핑계나 변명도 용납되지 않는다는 것입니다.

사랑하는 여러분, 우리가 신앙생활을 하면서 아마 가장 많이 듣는 말씀 가운데 하나가 '순종'에 대한 것입니다. 그리고 여기 계신 대부분의 성도들은 순종하는 삶을 살고 싶을 것입니다. 그렇죠? 그런데 순종하기가 쉬워요? 어려워요? 어느 정도는 할 수 있지만, 사실 100% 온전히 순종하는 것은 결코 쉽지 않습니다. 그러면 언제 또는 어떤 상황에서 순종하기가 쉽지 않은가요? 13장과 15장은 우리가 불순종하기 쉬운 대표적인 두 가지 상황을 말씀하고 있습니다. 13장에서 사울이 불순종하였던 것은 눈앞에 보이는 전쟁의 불리한 상황으로 말미암아 불안하고 두려운 마음이 있었기 때문이었습니다. 15장에서는 현실적으로 눈앞에 보이는 좋은 것에 대한 탐심 또는 욕심 때문에 불순종하게 되었음을 말씀합니다.

우리도 마찬가지입니다. 먼저, 눈앞에서 내가 생각하거나 원하는 것과는 다른 상황이 진행될 때 우리는 불안해하고 두려워하면서 불순종할 수 있습니다. 예를 들어, 직장 생활에서 승진 대상이 되었는데 모든 상황이 나에게 불리하게 돌아가는 것 같을 때 우리는 눈 한 번 질끈 감고 편법을 쓰거나, 신앙 양심에 어긋난 비굴한 행동을 할 수 있습니다. 또한 입시생 자녀를 두고 있는데, 그 아이의 성적이 부모님들이 원하는 성적이 안 나올 때, 우리는 아이들에게 올 한 해만(또는 몇 달 동안만) 주일에 교회 가지 말고 학원이나 도서관으로 가라고 할 수도 있습니다. 이런 상황들은 13장의 경우들입니다.

다음으로, 탐심이나 욕심 때문에 우리는 불순종할 수 있습니다. 우리가 살아가다 보면 순종과 불순종의 선택의 기로에 있을 때가 있습니다. 예를 들어, 순종과 불순종 사이에 1000만원이 걸려 있을 수 있습니다. 한 번 눈 딱 감고 거짓말하거나 속이면 1000만원의 수입을 올릴 수 있는 상황이라고 합시다. 그 때 우리는 천만 원에 대한 욕심 때문에 신앙 양심을 속일 수 있습니다. 제가 조금 높게 잡은 것 같은데요, 천만 원이 아니라 우리는 종종 몇 만원 때문에 양심을 속일 수도 있습니다. 예를 들어, 세 살 이하가 무료

입장인 놀이 공원에서 우리 아이가 4살인데도 3살이라고 하는 경우도 있습니다. 또한 이런 경우도 있을 수 있습니다. 그동안 크게 문제 되지 않는 어떤 일들이 믿음이 성숙하게 되니까 하나님께 합당치 않게 생각되어서 바꾸려고 할 때 그렇게 하면 인간적인 관점에서 보면 손해가 예상될 수 있습니다. 예를 들어, 식당을 하는데 조금 질이 떨어지는 재료를 썼는데 하나님께서 마음에 불편함을 주셨다고 합시다. 그럼에도 불구하고 우리는 눈앞에 보이는 이익과 손해 때문에 망설이며 불순종할 수 있습니다. 이런 상황은 15장의 경우들입니다.

> 그러면 이렇게 눈앞에 보이는 것으로 인해 두렵거나 불안할 때 그리고 탐욕이나 욕심이 작동할 때 그러한 것들을 극복하고 하나님께 순종하기 위해 필요한 것이 무엇입니까? 저는 다니엘의 유명한 믿음의 고백인 '그리하지 않을지라도'의 믿음이 필요하다고 믿습니다.

지난주에 우연히 어느 교회 신문을 본 적이 있는데, 이런 간증이 있었습니다. 그 분은 30년 동안 안경점을 경영하면서 직원을 서너 명 둘 정도로 나름 성공했다고 합니다. 그런데 제자 훈련을 받으면서 늘 마음에 부담되는 것이 있었는데 그것은 주일 성수였습니다. 처음에는 주일에 직원들이 돌아가면서 안경점을 오픈했는데, 하나님께서 그것마저도 내려놓게 하셔서 주일에 가게 문을 닫기로 결심했다고 합니다. 그의 결심을 듣고 주위에서 주일 매상이 평일의 2.5배인데 어쩌려고 그렇게 하느냐고 걱정하며 만류했다고 합니다. 그 분은 '그리하지 않을지라도'의 믿음으로 순종하기로 하고, 이제 "주일은 쉽니다" 팻말을 건지 5년째가 되었다고 합니다. 그 분의 말을 그대로 옮겨봅니다.

> 남들은 주일성수하면 평일에 더 잘되게 해주셔서 넘치도록 채워준다고 하지만 솔직히 그렇지는 않는 것 같다. 그리고 그런 축복을 바라고 싶은 마음 역시 단 1%도 없다. 다만 이 땅에서 우리가 가장 약한 부분인 물질에 대한 욕심을 내려놓고 나니 마음이 그렇게 평안할 수가 없다. 그리고 주일 성수 이후 달라진 것이 한 가지 더 있다면 그것은 믿지 않는 고객들로부터 더 깊은 신뢰와 사랑을 받고 있다는 것이다." (분당 우리 교회 우리지 2015년 7월호).

사랑하는 성도 여러분, 하나님께 더 온전히 순종하고 싶으시죠? 그런데요. 결과에 집착하면, 그리고 이익과 손해에 대해 주판알을 튕기면 우리는 절대로 순종할 수 없습니다. 하나님의 말씀에 온전히 순종하려면, 뒤에 나타날 결과에 대한 관심을 내려놓고 '그리하지 않을지라도'의 믿음을 가지고 지금 하나님께서 원하시는 길을 한 걸음 한 걸음 내딛어야 합니다. 설령 물질에 손해 본다할지라도, 설령 승진하지 못한다 할지라도, 설령 우리 아이가 원하는 대학보다 한 단계 낮은 대학에 간다고 할지라도 믿음으로 순종하는 것입니다. 물론 그러한 믿음의 걸음을 내딛을 때 대부분의 경우 우리는 전혀 예상치 못한 하나님의 은혜를 경험할 수 있습니다. 그러나 반드시 그렇지 않을 수도 있습니다. 분명한 것은 '그리하지 않을지라도'의 믿음으로 순종하면, 그 순종으로 말미암아 하나님께 합당한 자로 인정받게 될 것입니다. 이 세상에 이것보다 더 큰 복이 없는 줄 믿습니다.

지혜로운 사람

사울의 또 한 가지의 모습이 14장에 기록되어 있습니다. 조금 전에 말씀드린 대로, 요나단의 믿음의 행동으로 전쟁이 이스라엘 쪽으로 많이 기울었습니다. 그런데 사울 왕은 무슨 이유인지는 알 수 없으나 금식을 선포합니다(24절). 그것은 왕으로서 지혜롭지 못한 명령이었습니다. 왜냐하면 14장을 보면 그 사울 왕의 명령으로 이스라엘 군사들이 피곤하였다는 말씀이 3번이나 반복됩니다(24, 28, 31절). 그 명령은 이스라엘 백성들이 짐승을 잡아 피 채 먹게 함으로 죄를 짓게 하였고(32-33절), 믿음의 사람인 요나단도 전혀 모른 상태에서 사울이 금한 것을 행하게 되었습니다(27절). 물론 나중에 백성들의 탄원으로 없는 일이 되었지만 그것으로 인해 요나단이 죽을 상황에 이르게 되었습니다. 사울 왕은 백성들을 힘들게 하고 죄를 짓게 하는 지혜롭지 못한 결정과 명령을 내렸던 것입니다.

14장은 사울의 지혜롭지 못함을 통하여 지도자에게 지혜가 얼마나 필요하고 중요한 지를 교훈합니다. 지도자의 판단과 결정은 구성원들에 많은 유익을 줄 수도 있고 크게 손해를 가져올 수도 있습니다. 우리가 잘 아는 대로, 솔로몬이 일천 번제를 드린 다음에 하나님께서 무엇을 줄까 했는데, 솔로몬이 왕의 역할을 잘 감당할 수 있는 지혜를 달라고 했을 때 하나님께서는 그것을 참으로 기뻐하셨습니다. 그러면서 그 외에 모든 것을 더 주시겠다고 하셨습니다.

지도자에게만 지혜가 필요한 것이 아닙니다. 우리 모두에게도 지혜가 필요합니다. 교회 봉사를 하면서, 직장 생활을 하면서, 자녀들을 키우면서, 살림살이를 하면서 지혜가 얼마나 중요한지 모릅니다. 순간의 판단과 결정이 우리 인생에 결정적인 영향을 미칠 수도 있고, 많은 손해와 이익을 줄 수도 있습니다. 그래서 예수님께서도 "뱀 같이 지혜롭고 비둘기 같이 순결하라(마 10:16)"고 말씀하셨습니다. 그것은 이 세상에서 우리가 사는 것이 마치 이리들 속에 양이 사는 것과 같기 때문이라는 것입니다. 에베소서 5:15-17도 같은 말씀을 합니다. "그런즉 너희가 어떻게 행할지를 자세히 주의하여 지혜 없는 자 같이 하지 말고 오직 지혜 있는 자 같이 하여 세월을 아끼라 때가 악하니라. 그러므로 어리석은 자가 되지 말고 오직 주의 뜻이 무엇인가 이해하라"고 합니다. 때가 악하기 때문에 지혜가 필요하다는 것입니다.

그러면 우리는 어떻게 지혜로운 사람이 될 수 있을까요? 사무엘상 14:35에서 중요한 말씀을 합니다.

사울이 여호와를 위하여 제단을 쌓았으니 이는 그가 여호와를 위하여 처음 쌓은 제단이었더라.

처음으로 제사를 드렸다는 것은 그만큼 사울이 하나님과 영적인 교통이 없었다는 것을 의미합니다. 그러면 왜 성경의 기자가 여기에서 사울이 하나님과 영적 교통이 없었다는 것을 기록했을까요? 그것이 사울의 지혜 없음의 원인임을 말씀하는 것입니다.

사랑하는 성도 여러분,

지혜는 예배와 말씀과 기도와 같은 하나님과의 영적인 교통을 통해 얻을 수 있습니다. 물론 선과 악이 명확한 경우에는 결정하기가 쉽습니다. 그것은 지혜의 문제가 아니고 순종의 문제입니다. 그러나 살아가다 보면 이럴 수도 있고 저럴 수도 있는 경우가 있습니다. 그 때는 지혜로운 판단과 결정이 필요합니다. 물론 성숙한 믿음의 사람들의 도움을 받는 것도 필요합니다. 그러나 어떠한 경우든 최종 결정은 주님과 깊은 영적 교통 가운데서 이루어져야 합니다. 저 같은 경우는 판단이 서지 않을 때 늘 지혜를 구하라고 하신 야고보서의 말씀에 의지하여 주님의 도움을 구합니다. 그러면 성령께서 말씀을 통해 깨닫게 하시기도 하고 기도를 하는 과정에 깨닫게 하여 주시기도 합니다. 우리 모두가 주님과의 깊은 영적 교통을 통해 늘 지혜로운 사람들이 되기를 소원합니다. 그래서 세월을 아끼고, 들어갈 때와 나갈 때를 알고, 순간순간 나 자신과 다른 사람들에게 유익하고 바른 결정과 판단을 할 수 있는 복된 성도들이 되기를 바랍니다.

겸손의 사람

또 한 가지 사울 왕을 통해 교훈하시는 하나님께 합당한 사람은 겸손한 사람입니다. 사울 왕이 하나님께 버림받은 가장 근본적인 부분은 초심 또는 처음의 겸손을 너무 빨리 잃어버렸다는 것에 있습니다. 사실 사울은 왕이 되기 전에는 무척 겸손한 사람이었습니다. 사무엘상 9:21에 다윗은 이렇게 고백합니다.

사울이 대답하여 이르되 나는 이스라엘 지파의 가장 작은 지파 베냐민 사람이 아니니이까 또 나의 가족은 베냐민 지파 모든 가족 중에 가장 미약하지 아니하니이까 당신이 어찌하여 이같이 말씀하시니이까 하니

사울은 왕이 된지 2년 만에 왕이 되기 전과 너무 다른 모습을 보였습니다. 나중에 사무엘도 이렇게 평가를 합니다.

왕이 스스로 작게 여길 그 때에 이스라엘 지파의 머리가 되지 아니하셨나이까 여호와께서 왕에게 기름을 부어 이스라엘 왕을 삼으시고(삼상 15:17)

사울은 처음에는 겸손했지만 왕이 된지 얼마 되지 않아서 겸손함을 잃어버렸는데, 그것이 사울이 순종하지 못하고 왕으로서 버림받은 주된 원인이 되었던 것입니다.

사랑하는 성도 여러분,

오늘날 우리도 하나님께 합당한 사람이 되어 하나님께 쓰임받기 위해 그리고 하나님께서 주시는 은혜를 계속 누리기 위해 절대적으로 필요한 것이 겸손입니다. 겸손이란 무엇이죠? 겸손이란 여러 가지로 정의할 수 있지만, 사울과 사무엘 선지자의 말을 빌리면 겸손이란 '스스로 작고 미약하게 여기고 하나님 앞에서 자신을 낮추는 것' 입니다. 겸손의 반대는 교만인데, 교만은 '스스로를 그럴듯하게 인정하고 높이는 것' 입니다. 여러분! 성경은 거듭 거듭

"교만은 패망의 선봉이요 거만한 마음은 넘어짐의 앞잡이(잠언 16:18)"라고 말씀합니다. 우리가 스스로 인정하고 높이면 하나님 앞에서 불순종의 길 또는 잘못된 길로 가지 않을 수 없습니다. 실제로 저는 주변에서 초반의 겸손을 잃어버리고 얼마 있지 않아서 또는 인생의 마지막에 어려움 당한 사람들을 많이 봅니다. 물론 겸손함을 계속 유지하는 것이 결코 쉽지 않습니다. 왜냐하면 우리는 누구나 하나님께서 은혜를 주시면 스스로를 인정하고 마음이 높아지는 경향이 있기 때문입니다. 또한 겉으로 겸손한 척 하지만 마음 속 깊은 곳에는 교만한 마음이 있는 경우도 많습니다.

그러면 우리는 어떻게 계속해서 겸손함을 유지할 수 있을까요? 오늘 본문을 보면 하나님께서는 다윗을 하나님을 위해 주권적이고 주도적으로 택하셨다고 말씀하였습니다. 이 사실을 끝까지 기억할 때 우리는 겸손할 수 있습니다. 다시 말해, 나의 나 된 것이 전적으로 하나님의 은혜임을 인정하고, 늘 하나님의 은혜가 아니면 살 수 없음을 고백하며 하나님의 도움을 구할 때 겸손함은 유지될 수 있습니다. 저는 사도 바울이 끝까지 믿음의 길을 달려갈 수 있었던 가장 중요한 요인은 자신의 자신됨이 하나님의 은혜였음을 잊지 않았기 때문이라고 믿습니다. 마지막으로 쓴 서신인 디모데전서에서도 자신은 죄인 중에 괴수인데 자신에게 하나님의 긍휼과 은혜가 임했다고 고백합니다.

기독교 역사에서 대표적으로 겸손한 사람들 가운데 한 사람으로 많은 사람들은 성 프란시스를 이야기합니다. 그의 겸손에 대한 여러 일화들이 있는데, 제가 자주 묵상하는 두 가지만 소개하겠습니다. 아마 아시는 분들이 많을 것입니다.

어느 날 어떤 사람이 성 프랜시스에게 물었습니다. "프랜시스 선생님! 선생님을 통해 많은 기적이 나타나고, 사람들의 변화되고 있습니다. 이 놀라운 사역들은 과연 어떻게 이루어지는 지 그 비결을 알려 주십시오." 이 말을 들은 성자 프랜시스는 이렇게 대답했습니다. "전능하신 하나님은 어느 날 이 지구상에 살고 있는 그 많은 사람들을 바라보셨습니다. 그리고 많고 많은 사람들 가운데서 이 땅 위의 모서리 한 구석에 가장 연약하고 가장 무지하며 가장 미련한 한 사람을 바라보셨습니다. 그보다 더 낮고 미련한 사람을 찾을 수 없었습니다. 그리고 말씀하시기를 '바로 저 사람이다. 나는 저 사람을 통하여 나의 지혜와 능력을 나타내기를 원한다.' 하나님이 나 프랜시스를 택하신 이유가 바로 이것입니다."

성 프랜시스의 제자가 환상 중에 하늘나라 구경을 했습니다. 많은 보좌들이 있는데 높은 빈 보좌가 있는 것을 보고 "저건 누구 것입니까?" 하고 물었더니, 예수님께서 "세상에서 가장 겸손한 성 프랜시스가 앉을 의자다"라고 답하셨습니다. 아무리 자기 선생이지만 너무 높아진다는 것이 좀 시기 질투가 생겼습니다. 그는 조용한 시간에 프랜시스에게 물었습니다. "선생님, 선생님은 자기 자신이 어떤 사람이라고 생각하십니까?" 그 때 프랜시스가 "이 세상에서 가장 악한 사람이라고 생각하지"라고 대답했습니다. 그 때 제자는 그 기회를 놓치지 않고 "선생님 그건 교만입니다 그건 위선입니다. 선생님을 성자라고 부르고 있습니다. 여기에 강도, 살인 뭐 갖은 죄인들이 다 많은데 어떻게 선생님이 가장 악하다는 말이요 그건 위선입니다" 그는 빙그레 웃으면서 "그건 자네가 나를 몰라서 그래. 내가 사실 악한 놈이거든. 그리고 하나님이 내게 주신 은혜가 너무 커서 은혜 가운데 오늘 내가 있는데 내게 주신 은혜를 다른 사람에게도 주었다면 그 사람은 분명히 나보다 더 훌륭한 사람이 되었을 거야" 라고 진지하게 말할 때 그 제자가 무릎을 꿇었다고 합니다.

프랜시스에게는 사도 바울과 같이 자신이 잘나고 똑똑해서 하나님께서 택하신 것이 아니라 하나님의 주권적이고 주도적인 은혜로 택함을 받았고, 자신의 자신됨이 전적으로 하나님의 은혜였다는 고백과 감사가 있었습니다. 저는 우리 모두가 처음과 나중이 한결같이 겸손한 사람이 될 수 있기를 바랍니다. 아니 우리는 처음보다 나중이 더욱 좋은 사람이 되어야 할 줄 믿습니다. 성경 한 구절을 보겠습니다. 역대상 29:28입니다.

> 그가 나이 많아 늙도록 부하고 존귀를 누리다가 죽으매 그의 아들 솔로몬이 대신하여 왕이 되니라.

저는 우리 모두가 다윗처럼 우리 일생이 끝나는 그날까지 복된 삶을 누릴 수 있기를 간절히 바랍니다.

이제 말씀을 맺겠습니다.

하나님께서는 지금도 하나님의 구원 역사를 위해 하나님의 마음에 합당한 사람들을 찾고 계십니다. 사울과 다윗을 통해 보여주신 하나님께 합당한 사람은 어떤 사람입니까? 순종하는 사람입니다. 순종하는 사람이 되기 위해서 '그리하지 않을지라도'의 믿음이 필요하다고 했습니다. 지혜로운 사람입니다. 지혜로운 사람이 되기 위해 하나님과의 끊임없는 영적 교통이 필요하다고 했습니다. 그리고 끝까지 겸손한 사람입니다. 겸손한 사람이 되기 위해 나의 나 된 것이 나를 주도적이고 주권적으로 택하신 하나님의 은혜임을 평생 잊지 않고 사모하는 것이 필요합니다.

사무엘상 16:14-17:58(16:14-23; 17:41-49)

다윗을 무대의 중심으로 올리시는 하나님

하나님께서는 사울을 대신할 왕으로 다윗을 택하셨고, 사무엘을 통해 그에게 기름을 부어 그것을 확인시켜 주었습니다. 그러면 하나님께서 왜 다윗을 왕으로 택하셨습니까? 무엇보다도 다윗의 선택은 예언의 성취였습니다. 다시 말해, 하나님께서는 유다 자손을 통해 메시야를 주시겠다고 약속하셨는데, 그 약속 성취의 과정으로 다윗을 택하신 것입니다. 다윗이 택함을 받은 것은 하나님의 주도적이고 주권적인 은혜의 결과입니다. 다른 한 편으로 하나님께서 다윗을 택하신 것은 다윗이 중심을 보시는 하나님의 마음에 합한 사람이었기 때문이었습니다. 하나님께서 다윗을 택하시고 기름 붓는 과정에서는 명확하게 말씀하시지 않았지만, 사무엘상 13-15장에서 사울 왕의 잘못된 모습을 통해 하나님께 합한 사람의 모습을 제시하셨습니다. 사무엘상 13-15장을 통해 드러난 사울은 불순종의 사람이었고, 지혜롭지 못한 사람이었고, 처음의 겸손을 유지하지 못한 사람이었습니다. 그러한 사울의 부정적인 모습을 통해 하나님께 합한 사람이 되어 하나님의 뜻과 계획을 이루는데 쓰임받기 위해서는 모든 상황과 여건 속에서 온전히 하나님 말씀에 순종하고, 지혜롭고, 처음부터 끝까지 겸손해야 함을 교훈하고 있습니다.

다윗을 왕궁으로 입성시키시는 하나님

오늘 본문은 하나님께서 기름 부음을 받은 다윗을 왕으로 세워 가시는 과정을 기록하고 있습니다. 영화로 한다면, 다윗이 주인공인데 지금까지는 나타나지 않다가 이제 화려한 조명을 받으면서 무대의 중심에 나타나는 장면이라고 할 수 있습니다. 14절입니다.

> 여호와의 영이 사울에게서 떠나고 여호와께서 부리시는 악령이 그를 번뇌하게 한지라.

먼저 하나님의 영이 사울을 떠났습니다. '하나님의 영'은 성령을 의미합니다. 여기에서 사울로부터 성령이 떠났다고 하는 것은 구원과 상관없는 자가 되었다기보다는 왕으로서 그의 사명과 직분이 끝났다고 이해하는 것이 바람직합니다. 다윗도 마찬가지지만, 사울도 왕이 될 때 기름 부음을 받았고, 그 때 성령의 강한 임재와 역사하심을 경험했습니다. 하지만 이제 왕의 사명을 감당하게 하는 성령의 강한 임재를 더 이상 경험할 수 없게 된 것입니다. 더욱 안타깝게도 하나님의 영이 떠났을 뿐 아니라 하나님이 부리시는 악신이 그를 힘들게 하였습니다. 이 후에 사울의 모습은 오늘날로 이야기하면 정신분열증, 우울증 또는 공항 장애와 같은 정신적이고 심리적인 병으로 고생한 것 같습니다.

여기에서 '여호와께서 부리시는 악령'을 어떻게 이해해야 할 것인지에 대해 많은 신학적인 논란이 있습니다. 이 말은 문자적으로 '하나님으로부터 기인한(또는 말미암은) 악한 영'이라고 번역할 수 있습니다. 쉽게 이야기하면, 하나님께서 사울에게 악한 영이 역사하는 원인이 되셨다는 것입니다. 물론 하나님께서 사울에게 하신 것과 같이 악한 영을 보내시는 경우는 흔치 않습니다. 하지만 성경을 보면, 하나님께서 특별한 경우에 특별한 일과 목적을 위해서 악한 영을 이용하거나 사탄이 악한 일을 하도록 허락하실 때가 있는 것을 알 수 있습니다. 하나님께서 악한 영을 보내셨다는 말씀이 사사기에도 있는데요, 사사기 9:23-24를 보겠습니다.

> 하나님이 아비멜렉과 세겜 사람들 사이에 악한 영을 보내시매 세겜 사람들이 아비멜렉을 배반하였으니, 이는 여룹바알의 아들 칠십 명에게 저지른 포학한 일을 갚되 그들을 죽여 피 흘린 죄를 그들의 형제 아비멜렉과 아비멜렉의 손을 도와 그의 형제들을 죽이게 한 세겜 사람들에게로 돌아가게 하심이라

하나님께서 아비멜렉과 세겜 사람들 사이에 악한 영을 보내셨는데, 그것은 하나님께서 기드온의 아들 70명을 아주 잔인하게 죽였던 아히멜렉과 그를 도운 세겜 사람들을 벌하기 위한 조치였습니다. 또한 열왕기상 22장(19-23절)을 보면, 미가야 선지자는 아합 왕에게 여호와께서 거짓말하는 영을 왕과 선지자들에게 보내셨다고 말합니다. 이 경우에도 하나님께서 나봇의 포도원을 악랄한 방법으로 탈취한 아합 왕을 벌하기 위한 조치로 거짓말하는 영을 보내셨습니다. 이 두 경우를 통해 우리는 하나님께서 악한

일을 한 사람들을 징계하시고자 할 때 드물지만 악한 영을 이용하심을 알 수 있습니다. 정리하면, 오늘 본문에서 하나님으로부터 악한 영이 사울에게 임했다는 것은 이후에 있을 사울의 어려움이 그의 불순종과 교만으로 인한 하나님의 징계였음을 암시한다고 할 수 있습니다.

사울이 악한 영으로 인해 정신적으로 어려운 상황에 이르게 되자 사울의 신하들이 수금 잘 타는 사람을 구하기를 건의합니다. 우리나라도 최근 들어 정신적 장애나 질병을 치료하기 위해 음악요법이나 미술요법이 많은 관심을 받고 있는데요, 당시에도 정신적인 병과 관련하여 음악적 치료가 활용된 것 같습니다. 신하들의 음악 치료 제안을 사울이 승인하자 한 사람이 다윗을 추천합니다. 18절에 다윗을 추천한 사람이 소년 중 한 사람이라고 했는데, 그 사람은 아마 다윗의 친구이거나 다윗을 잘 아는 사람이라고 판단됩니다. 사울은 그의 아버지 이새에게 사람을 보내어 다윗을 왕궁으로 불러드렸고, 다윗은 사울에게 악령이 이를 때마다 수금을 타서 사울을 상쾌하게 하고 악령이 떠나도록 하였습니다. 이 사건을 통하여 우리는 찬양이 영적 치유와 회복에 효과적이고 유익함을 다시 한 번 확인할 수 있습니다.

골리앗을 무너뜨리게 하시는 하나님

17장은 성경에서 가장 잘 알려진 이야기 가운데 하나입니다. 이스라엘과 블레셋 사이에 전쟁이 발발했습니다. 블레셋 진영에 싸움을 돋우는 자가 있었는데, 그 사람은 골리앗이었습니다. 그의 키는 여섯 규빗 한 뼘이었습니다(4절). 우리가 쓰는 단위로 하면, 약 2m 90cm 입니다. 갑옷의 무게가 놋 오천 세겔이었습니다(5절). 우리가 쓰는 단위로 하면, 갑옷의 무게가 약 57kg이었습니다(1세겔: 11.4g). 창날의 무게가 육백 세겔, 약 7kg이었습니다. 골리앗이 어마 어마한 거인이었음을 쉽게 알 수 있습니다. 그런 거인이 자신과 싸울 이스라엘의 대표자가 있으면 나오라고 소리를 지르면서 이스라엘의 자존심을 건드렸습니다. 그것도 40일 동안이나 지속되었습니다(10절). 모든 이스라엘 사람들이 놀라고 두려워하는 상황에서(11절), 사울은 이 골리앗을 물리치는 자에게 포상을 하겠다고 약속합니다. 재물과 자신의 딸을 주고 세금을 면제한다는 것입니다(25절).

그 때 군인들 가운데 이새의 세 아들들이 있었는데요, 이새는 다윗에게 형들에게 먹을 것을 전달하라는 심부름을 시켰습니다. 당시에도 20세 이상만 군인이 될 수 있었는데, 다윗은 아직 나이가 안 되었습니다. 다윗이 그곳에 갔을 때 마침 골리앗이 소리를 지르고 있었습니다(23절). 골리앗의 소리를 들은 다윗은 "이 할례 받지 않은 블레셋 사람이 누구이기에 살아 계시는 하나님의 군대를 모욕하느냐!"며 분개합니다(26절). 그러한 다윗의 모습을 보고 사람들이 사울에게 보고하였고, 사울은 다윗을 불렀습니다(31절). 다윗을 본 사울은 "너는 소년인데 어떻게 골리앗을 이기겠느냐?"고 묻습니다(33절). 다윗은 어렸을 때부터 자신이 양들을 사자와 곰에게서 지켜왔는데 이 블레셋 사람도 그와 같이 될 것이라고 자신 있게 대답합니다(34-36절). 다윗이 사울의 군복을 입어보았는데 너무 커서, 그냥 돌 다섯 개와 물매를 가지고 나아갔습니다. 물매는 두 줄 가운데 주머니가 있어서 거기에 돌을 넣고 돌리다가 한 손을 놓아 목표물에 명중시키는 당시 중동 지방의 목자들이 흔히 쓰는 도구였습니다. 골리앗의 입장에서 보면, 소년 다윗이 자신을 대적하러 나온 것이 너무도 가소로운 일이었습니다. 그래서 다윗을 경멸합니다. 그 때 다윗은 45-47절에서 아주 유명한 말을 합니다.

> 다윗이 블레셋 사람에게 이르되 너는 칼과 창과 단창으로 내게 나아오거니와 나는 만군의 여호와의 이름 곧 네가 모욕하는 이스라엘 군대의 하나님의 이름으로 네게 나아가노라 오늘 여호와께서 너를 내 손에 넘기시리니 내가 너를 쳐서 네 목을 베고 블레셋 군대의 시체를 오늘 공중의 새와 땅의 들짐승에게 주어 온 땅으로 이스라엘에 하나님이 계신 줄 알게 하겠고 또 여호와의 구원하심이 칼과 창에 있지 아니함을 이 무리에게 알게 하리라 전쟁은 여호와께 속한 것인즉 그가 너희를 우리 손에 넘기시리라

그러면서 물매로 돌을 던져 골리앗의 이마에 명중시킵니다. 골리앗은 즉사하게 되고, 블레셋 군대들이 도망함으로 이스라엘이 승리하게 됩니다.

처음에 말씀드린 것처럼, 하나님께서는 오늘 본문의 두 사건을 통해 다윗을 무대의 중심에 올리고 있습니다. 그러면 하나님께서 다윗을 무대의 중심에 올리는 과정에서(다시 말해, 하나님께서 다윗을 통해 일하시고자 하는 자리로 세우실 때) 발생한 오늘 본문의 두 사건이 주는 교훈은 무엇입니까?

자연스럽게 무대의 중앙으로 인도하시는 하나님

먼저, 다윗을 왕으로 택하시고 기름을 부은 하나님께서 다윗을 무대의 중앙에 세우실 때 억지로가 아니고 자연스럽게 인도하셨다는 것입니다. 다윗은 시골에서 양을 치는 일개의 목동이었습니다. 그는 아버지나 주위 사람들의 눈으로 볼 때도 그렇게 탁월한 사람이 아니었습니다. 그런 평범한 소년 다윗이 이스라엘의 왕이 된다는 것은 사실상 불가능한 일이었습니다. 그런데 하나님께서는 그를 인도하시고 그에게 기회를 주셔서 자연스럽게 그를 이스라엘 역사의 중앙으로 옮기셨습니다.

다윗은 사람에게 줄을 서서 또는 인간적인 수단과 방법을 통해 사울 왕의 정신적 어려움을 치료하는 사람으로 왕궁에 입성하지 않았습니다. 어떤 경로로 추천받게 되었는지는 정확하게 알 수 없지만, 다른 사람이 다윗을 추천함으로 자연스럽게 그 자리에 이르게 되었습니다. 또한 그가 전국구 스타가 된 골리앗과의 싸움도 전혀 예상치 못한 일이었습니다. 다윗은 단지 형들에게 음식을 전달하고 오라는 아버지의 심부름으로 인해 전장에 갔습니다. 골리앗과의 싸움도 모든 사람들이 두려워 떨고 있었기 때문에 자신이 나서는데 아무런 문제가 없는 상황이었습니다. 인간적으로 보면 우연한 일로 간주할 수도 있고, 운 좋게 기회를 잡은 것으로 생각될 수도 있습니다. 그러나 그것은 결코 우연히 어쩌다가 또는 운이 좋아서 되어 진 일이 아니고, 하나님께서 준비하시고 기회를 마련하시어 인도하심으로 자연스럽게 그 자리에 이르게 된 것입니다.

사랑하는 성도 여러분,

하나님께서는 우리를 세우시고 우리를 통하여 하나님의 뜻을 이루어 가실 때 억지로가 아니고 자연스럽게 인도하시는 하나님이신 줄 믿습니다. 하나님의 일은 다양한 하나님의 방법과 인도하심을 통해서 진행됩니다. 하나님께서 때로는 사람을 붙여주시기도 하시고, 때로는 내가 상대하는 사람의 마음을 바꾸어주시기도 하고, 때로는 내가 전혀 의도하거나 예상하지 않는 기회와 상황을 만들어 주시기도 합니다. 우리가 할 일은 단지 자연스럽게 인도하시는 하나님을 믿고 하나님의 인도하심을 따라 가기만 하면 되는 것입니다.

그런데 하나님께서 하나님의 일을 자연스럽게 이루어 가시는데 우리의 가장 큰 문제는 무엇이죠? 저는 많은 경우 우리의 가장 큰 문제는 '조급함'이라고 생각합니다. 우리에게 조급한 마음이 있기 때문에 잔꾀를 부리고, 남을 속이고, 하나님께서 기뻐하시지 않는 수단과 방법을 통해 어떤 일을 이루고자 하는 것입니다. 우리만 그런 것이 아니라 성경의 많은 사람들도 그랬습니다. 그 대표적인 예가 아브라함과 야곱입니다. 우리가 잘 아는 것처럼, 아브라함은 하나님께서 말씀하신 자손에 대한 약속을 하나님께서 이루실 때까지 기다리지 못하고, 스스로 합리화 시켜 가면서 인간적인 방법을 통해 이루고자 했습니다. 아브라함은 그 일 후에 하나님과 13년간 교통이 단절되는 징계의 시간을 가졌고, 그 일로 인해 가정의 불화를 경험했습니다. 야곱도 마찬가지입니다. 하나님께서 장자의 복을 약속하셨는데, 스스로 자연스럽게 이루어 가시는 하나님을 기다리지 못하고 거짓과 속임을 동원하여 그것을 이루려고 했습니다. 그로 말미암아 야곱은 하지 않아도 될 고생을 얼마나 많이 하였습니까? 우리도 마찬가지입니다. 서두르지 않아도, 하나님께서 기뻐하시지 않는 인간적인 수단과 방법을 쓰지 않아도 하나님께서 자연스럽게 이루어 주시는데 괜히 사서 고생하는 경우가 얼마나 많은지 모릅니다.

사랑하는 여러분, 조급한 마음은 사단이 주는 것임을 우리는 늘 기억해야 합니다. 또한 내가 생각하는 때와 하나님의 때는 다를 수 있다는 것도 늘 명심해야 합니다. 아니 다를 경우가 훨씬 더 많습니다. 기본적으로 우리는 조급하기 때문에 하나님의 때보다 앞 서 갈 때가 훨씬 더 많을 수밖에 없습니다. 뿐만 아니라 하나님께서 일부러 때를 늦추시고 우리에게 인내의 훈련을 시키실 때도 있습니다. 그 과정을 통해 하나님을 더욱 의지하게 하시고, 모든 것이 하나님의 은혜로 된 것임을 철저히 인정하게 하십니다. 아마 여기 계신 여러 분들 대부분이 이 훈련을 받으셨을 것이라고 생각합니다. 왜냐하면 이 훈련은 선택 코스가 아니라 더욱 온전하고 성숙한 하나님의 백성이 되기 위해 모든 성도가 기본적으로 받아야 할 필수 코스이기 때문입니다.

저도 이 부분에서 하나님께서 많은 훈련시키시는 것 같습니다. 지금까지 한 단계 한 단계 지나올 때(유학 가고, 박사 과정에 진학하고, 귀국해서 목회하고, 학교에서 가르치게 되는 모든 과정에서) 늘 조급하지 않도록, 그리고 주님을 온전히 신뢰하고 의지하도록 저를 훈련시키셨습니다. 뿐만 아니라 항상 자연스럽게 하나님의 방법으로 하나님의 일을 이루어 가심을 경험하게 하였습니다. 그래서 후배들이나 제자들이 공부하고 왔을 때나 담임 목회지를 구할 때 늘 "하나님께서 반드시 인도하신다. 이런 여유 있는 시간이 다시 오지 않을 테니까 이 시간과 기회를 즐겨라"고 권면하곤 합니다. 저는 우리 모두가 개인적으로, 가정적으로, 자녀 양육에 있어서 범사에 절대로 조급해 하지 않고, 하나님의 방법대로 자연스럽게 이루어 가시는 하나님을 신뢰하고 믿음의 길을 걷는 복된 성도들이 되기를 바랍니다.

성령의 기름부음을 경험케 하시는 하나님

그러면 이제 하나님께서 어떻게 다윗을 무대의 중앙으로 인도하셨는지를 살펴보겠습니다. 먼저, 다윗을 무대의 중앙으로 옮기기 전에 기름 부음이 있었습니다. 사무엘상 16:13에서 보는 것처럼, 하나님께서는 다윗을 무대의 중앙에 올리기 전에 먼저 성령의 놀라운 능력과 감동을 경험하게 하셨습니다. 다윗이 사울을 치유하는데 쓰임 받을 수 있었고, 믿음으로 골리앗을 격퇴할 수 있었던 가장 근본적인 힘과 능력과 계기는 바로 기름 부음이었습니다. 이와는 대조적으로 오늘 본문은 하나님의 영이 떠난 사람의 삶과 사역이 얼마나 비참해 지는 지도 보여줍니다. 성령의 떠남으로 인해 16장에서 사울은 정신적인 어려움을 경험합니다. 17장에서는 사울을 세웠던 목적(삼상 9:16)을 전혀 감당치 못하고 두려워하는 모습을 보여줍니다. 이 후에 31장까지의 사울의 모습을 보면 인간적으로 너무 초라하고 비참해 지는 것을 알 수 있습니다.

다윗은 그러한 사울의 모습을 보면서 성령의 기름 부음과 함께 하심이 삶과 사역에 있어서 얼마나 중요한 지 뼈저리게 깨닫게 되었을 것입니다. 그래서 밧세바로 말미암아 죄를 짓고 회개할 때 다윗의 기도 가운데 가장 간절한 내용은 무엇입니까? "주님 앞에서 나를 쫓아내지 마시며, 주님의 성령을 내게서 거두지 마소서 (시 51:11)!"라고 그는 간절히 기도했습니다. 다윗은 사울을 통해 성령이 떠나는 것이 얼마나 두려운 일인지 그리고 성령이 떠난 인생이 얼마나 비참해지는지를 가까이에서 보고 경험했던 것입니다.

여러분! 오늘날도 마찬가지입니다. 예수 믿는 사람이 누리는 최고의 특권은 무엇이라고 생각합니까? 저는 예수를 믿는 우리가 누리는 최고의 복과 특권은 성령의 다스리심과 인도하심이라고 믿습니다. 세상 사람들은 성령님의 다스리심과 인도하심을 절대로 경험할 수 없습니다. 실제로 우리는 성령께서 우리를 통치하시고 인도하심으로 세상에서 경험할 수 없는 기쁨과 평안을 경험하고, 세상 사람들이 감당할 수 없는 능력의 삶을 살게 됩니다.

우리가 잘 알고 있는 대로, 제자들을 보십시오. 성령의 능력을 경험한 다음에 그들은 그 전과는 전혀 다른 사람들이 되었습니다. 객관적으로 보면 다윗이 골리앗과의 싸움에서 이길 가능성은 제로에 가까웠습니다. 형들도 무시했고, 사울도 기대하지 않았고, 골리앗도 아주 심하게 비웃었습니다. 그러나 그는 어느 누구도 전혀 예상치 못한 능력을 보여주었습니다. 이것이 바로 성령의 능력이요 역사입니다. 저는 우리 모두가 예수 믿는 사람의 최고의 특권인 성령의 통치와 인도하심을 경험함으로 어느 누구도 전혀 예상치 못한 능력의 삶, 승리의 삶을 살 수 있기를 바랍니다.

그러한 성령을 통한 능력을 경험하는 삶을 살기 위해 우리가 할 일은 무엇입니까? 그것은 성령을 소멸치 않고, 성령을 근심시키지 않고, 성령의 충만과 능력을 사모하고 간구하는 것입니다. "성령을 소멸치 말아야 한다" 또는 "성령을 근심시키지 말아야 한다"는 것은 간단히 이야기하면 성령의 인도하심과 감동을 거부하거나 불순종하지 말라는 것입니다. 우리는 종종 성령님을 오해합니다.

마치 콘센트에 플러그를 꽂으면 기계가 작동하는 것처럼, 성령님께서 역사하시면 우리가 자동적으로 움직이는 것처럼 생각하는데 결코 그렇지 않습니다. 물론 때로는 성령께서 강권적으로 우리에게 임하시고 역사하시지만, 성령님은 인격적인 분이시기 때문에 우리가 얼마든지 성령님의 인도와 감동을 거부할 수도 있습니다. 예를 들어, 말씀을 통해, 기도를 통해, 또는 설교를 통해 성령님께서 우리 마음에 때로는 감동을 주시고, 때로는 도전하시면서 결단케 하시고, 때로는 명령도 하십니다. 그렇지만 우리가 그 성령님의 감동과 도전과 명령에 반응하지 않고 순종하지 않을 수도 있습니다. 그것이 성령을 소멸하는 것이고, 그로 말미암아 성령님을 근심시킬 수 있습니다. 그렇게 하지 말라는 것입니다.

대신 성령의 충만과 능력을 사모하고 간구해야 합니다. 다시 말해, 성령께 철저히 지배받고 성령의 임도하심을 받아 성령님의 놀라운 능력을 경험하기를 사모하면서 기도하라는 것입니다. 왜 그렇습니까? 성령의 능력을 온전히 경험하고 성령의 충만을 받는 것은 은혜로 되는 것이지만, 성경은 우리에게 간절하게 사모하고 구하라고 말씀하셨기 때문입니다. 저는 우리 모두가 평생 성령을 소멸하거나 근심시키기 않고 성령의 통치와 인도하심을 받아 성령으로 말미암아 능력이 나타나는 삶을 살 수 있기를 바랍니다.

기름부음을 받은 자가 할 일은?

다음으로, 16-17장에서 하나님께서 다윗에게 기름을 부으시고 무대로 올리실 때 무슨 일을 하게 하셨습니까? 하나는 사울을 치유하는 일이었고, 다른 하나는 골리앗을 무너뜨리는 일이었습니다. 좀 더 풀어서 설명하면, 하나님께서는 다윗을 중앙 무대로 올리실 때 하나는 다른 사람을 치유하고 회복시키는 일 또는 어렵고 힘든 자들을 돕게 하시는 일을 하게 하셨고, 다른 하나는 하나님의 이름이 조롱받는 상황에서 하나님의 이름과 영광을 높이는 일을 하게 하셨습니다.

여러분, 하나님께서 다윗을 무대로 올리시면서 아무 의도 없이 이 두 일을 하게 하셨을까요? 결코 그렇지 않습니다. 이 두 사건이 갖는 상징성이 있습니다. 사울이 버림받는 것과 관련된 13-15장의 세 사건을 통해 하나님께 합한 사람이 어떤 사람인 것을 교훈하신 것처럼, 이 두 가지 일을 통해 다윗을 무대의 중앙으로 올리신 하나님의 의도와 교훈이 있다는 것입니다. 그것이 무엇이라고 생각합니까? 저는 이 두 사건은 성령으로 기름 부음을 받은 자가 해야 할 일이 무엇인지를 보여주신 것이라고 생각합니다.

그렇다면 그 부분에 대해 구체적으로 말씀드리기 전에 먼저 점검할 것이 있습니다. 질문 하나 하겠습니다. 여러분들은 성령의 기름 부음을 받은 자입니까? 아니면 기름 부음을 받지 못한 자입니까? 오늘날 교회 안에서 자주 쓰는 용어 가운데 하나가 '기름 부음'인 것 같습니다. 예를 들어, "성령으로 기름 부어주소서!" "우리 목사님 사역에 기름 부음이 있게 하소서!" "말씀에 기름 부어주소서!" "우리 목사님 찬양에는 기름 부음이 있다!" 등과 같이 다양하게 사용합니다. 물론 성경에 '기름 부음'이란 용어가 있기 때문에 그 용어를 사용하는 것이 잘못은 아니지만, 약간 무분별하게 쓰이는 것 같기도 하고, 정확한 이해 없이 쓰는 것 같기도 합니다.

먼저, 구약 성경을 보면 다양한 상황에서 기름 부음을 받는 것이 기록되어 있는데, 대표적으로 왕이나 선지자나 제사장으로 구별되어 하나님을 섬기게 될 때에 기름 부음을 받았습니다. 다시 말해, 구약 성경에서 기름 부음을 받는 자는 주로 특별한 직분과 사명을 위해 구별된 자들이었습니다. 그러면 오늘날 목회자들만 기름 부음을 받은 자입니까? 그렇지 않습니다. 신약 시대에 와서는 기름 부음이 훨씬 포괄적으로 쓰입니다. 기름 부음이라는 용어가 사용된 예들을 살펴보면, 구약 시대와 마찬가지로 직분을 감당하도록 구분할 때나 성령의 능력을 경험할 때도 사용하지만, 처음 예수를 믿는 것과 관련하여도 사용되는 것을 알 수 있습니다(참고. 고후 1:21-22; 요일 2:20, 27). 실제로 신약 시대의 모든 성도는 예수를 믿는 순간 왕이요 제사장이요 선지자가 됩니다. 따라서 신약 시대에는 예수를 믿는 모든 사람이 다 성령의 기름 부음을 받은 자인 줄 믿습니다.

그러면 다시 묻겠습니다. 여러분 기름 부음을 받으셨나요? 아멘입니다. 그렇다면 오늘 본문은 기름 부음을 받은 자로서 우리가 해야 할 일이 무엇이라고 말씀합니까? 간단하게 말하면, 그것은 다른 사람을 섬기고 하나님의 이름을 높이는 것입니다. 하나님께서 우리에게 은혜를 주시고 성령의 지배를 받게 하신 것은 단지 나 혼자 잘 먹고 잘 살도록 하기 위함이 아니라(물론 그것도 포함합니다), 어렵고 힘든 자들을 돕고 나를 통하여 하나님의 이름이 거룩히 여김을 받도록 하기 위함인 줄 믿습니다.

여러분, 오늘 본문은 '우리 자신이 진정한 은혜를 받았는가?' 그리고 '성령 충만한가?'를 평가하는 기준을 제시하고 있습니다. 만약 내가 내 욕심이나 나에 대한 관심만 있으면 그 때는 성령 충만하지 못한 때입니다. 그런데 오늘 본문의 다윗이 했던 것처럼 다른 사람의 유익이 생각나고, 하나님의 이름이 조롱받는 이 세상에서 하나님께 영광을 돌리고자 하는 마음이 있으면 그 때는 성령 충만한 때입니다. 뿐만 아니라 다른 사람의 유익을 위하고 하나님께 영광을 돌리는 삶이 기름 부음을 받은 성도의 마땅한 삶임을 성경은 너무도 분명히 말씀하고 있습니다. 고린도전서 10:31-33입니다.

> 그런즉 너희가 먹든지 마시든지 무엇을 하든지 다 하나님의 영광을 위하여 하라. …나와 같이 모든 일에 모든 사람을 기쁘게 하여 자신의 유익을 구하지 아니하고 많은 사람의 유익을 구하여 그들로 구원을 받게 하라

이 말씀의 의미는 무엇입니까? 모든 세상일들은 다 접고 교회 일만 하라는 말씀입니까? 전도만 하라는 말씀입니까? 결코 그렇

지 않습니다. 이 말씀의 의미와 오늘 본문의 다윗의 고백이 잘 연결되어 있습니다. 오늘 본문의 다윗과 골리앗과의 싸움에서 다윗의 최고의 관심은 무엇이었습니까? 다윗의 관심은 자신의 유익이나 명예에 있지 않았습니다. 그의 관심은 오로지 하나님의 이름이 멸시되는 것에 있었습니다. 본문을 보면, 다윗은 계속 "네가 살아계시는 하나님의 군대를 모욕하고 있다," "네가 모욕하는 살아계신 하나님의 이름으로 나아간다"라는 사실을 강조합니다(10, 24, 26, 35, 45절). 하나님에 대한 모욕으로 인해 그는 분노하지 않을 수 없었습니다. 그리고 모욕 받는 하나님의 이름이 높아지고 하나님의 영광이 드러나도록 싸움을 하고 승리하였던 것입니다. 이것이 하나님의 영광을 위해 사는 삶입니다.

사랑하는 여러분, 오늘날도 많은 곳에서 하나님의 이름이 업신여김을 받거나 모욕을 받고 있습니다. 그러한 상황과 장소에서 나를 통해 하나님의 이름이 높아지는 삶이 하나님께 영광을 돌리는 삶입니다. 뿐만 아니라 많은 사람들이 오직 자신의 유익과 욕심을 위해 살고 있습니다. 이러한 이 시대에 남을 배려하고 희생하고 섬기는 삶을 사는 것이 하나님의 영광을 드러내는 삶인 줄 믿습니다.

그러면 그러한 삶이 어떻게 가능하죠? 조금 전에 말씀드린 것처럼, 그러한 삶은 성령의 철저한 지배와 인도하심을 받고 성령의 놀라운 능력을 경험하면 가능합니다. 성령의 철저한 지배와 인도하심을 받고 성령의 놀라운 능력을 경험하면 그러한 삶을 살지 않을 수 없습니다.

우리의 재능과 은사를 활용하여

한 걸음 더 나아가 오늘 본문은 어떻게 그러한 삶을 살 수 있을 지에 대한 중요한 힌트를 주고 있습니다. 오늘 본문을 보면, 다윗은 수금을 탐으로 사울의 어려움을 도와주었습니다. 그것은 그에게 특별한 일이 아니었습니다. 아마 다윗은 평소에 수금 타는 것을 좋아했고, 열심히 연습했을 것입니다. 하나님께서 그것을 사용하셨습니다. 뿐만 아니라 그는 양을 치고 지키는 목동 일을 하였는데, 물매와 돌은 양을 돌보는데 필수적인 도구였습니다. 물매를 사용하여 돌을 목표물에 명중하기 위해서는 수 천 수 만 번 연습을 해야 가능하다고 합니다. 목동인 다윗도 평소에 물매를 사용하여 돌을 던지는 일을 열심히 했을 것이 당연합니다. 그러니까 하나님께서 다윗이 평소에 최선을 다해 살면서 연습하고 훈련하였던 것을 그를 무대에 올리는데 사용하셨습니다.

우리도 마찬가지입니다. 우리는 다른 사람을 위한 삶 그리고 하나님의 이름이 조롱받는 곳에서 하나님의 영광이 드러나는 삶을 거창하게 생각할 수 있습니다. 물론 그럴 수도 있습니다. 그러나 대개의 경우 우리가 나그네 같은 인생을 살면서 다른 사람들을 위해 그리고 하나님의 영광을 위해 살려고 할 때 어떤 특별하거나 새로운 것이 요구되지는 않습니다. 하나님께서는 오늘 본문의 다윗처럼 우리가 평소에 좋아하는 일을 통해서, 우리에게 주어진 은사(즉, 우리가 잘 하는 일)를 활용해서, 또는 평소에 하나님께서 주신 삶의 현장에서 최선을 다하면서 익히고 사용했던 것들을 이용하여 우리가 다른 사람의 유익과 하나님의 영광을 위해서 살도록 하시는 것입니다. 특별히 요즈음에는 '재능기부' 캠페인과 다양한 프로그램들이 있어서 우리의 은사와 평소에 수고하면서 익혔던 것들을 다른 사람들과 하나님의 영광을 위해 활용할 수 있는 기회가 참으로 많은 것 같습니다.

물론 우리가 할 일이 있습니다. 하나는 나의 재능과 은사를 어디에서 어떻게 활용할 것인지 결정하는 것입니다. 나의 인생 전체의 큰 그림을 그려야 합니다. 나의 인생 전체를 통하여 좀 더 효과적이고 능률적으로 나의 재능과 은사를 활용하기 위해 지혜를 모으는 것입니다. 이 일을 위해 많이 고민하고 기도해야 합니다. 제가 학생들에게 늘 권면하는 말이 있습니다. 한국 교회 상황과 자신의 은사를 생각해서 내가 할 일이 무엇인지 기도하고 큰 그림을 그려야 한다는 것입니다. 우리 인생의 큰 그림이 그려져야 할 줄 압니다.

또 한 가지는 하나님께서 내가 정한 장소와 방향을 깨닫게 하시면 필요한 부분들을 위해서 오늘 본문의 다윗처럼 배우거나 더욱 노력하고 발전시켜야 합니다. 예를 들어, 선교사님들 가운데 수지침을 배우는 분들도 있습니다. 단기 선교를 가면서도 어떤 분들은 미용 기술을 배우기도 합니다. 특히 요즈음은 고령화시대입니다. 퇴직 이후에도 많은 시간들이 우리에게 주어집니다. 퇴직 이후에 파고다 공원에서 쓸쓸히 시간을 보내기 보다는 미리 미리 준비해서 퇴직 이후의 삶도 다른 사람과 하나님의 영광을 위해 유익한 삶을 살기 위해 현역으로 있을 때 더욱 열심히 준비하는 것도 필요합니다. 저는 우리 모두가 우리의 은사를 활용하고 평소에 최선을 다하는 삶을 살면서 익히고 활용했던 것들을 다른 사람과 하나님의 영광을 드러내는 삶을 살기를 축원합니다.

말씀을 맺겠습니다.

오늘 본문은 주인공인 다윗을 무대 중앙에 올리는 과정이 기록되어 있습니다. 그 과정을 통해 우리에게 주는 교훈이 있습니다. 먼저 하나님께서는 억지로가 아니라 자연스럽게 하나님의 뜻을 이루어 가신다는 것입니다. 다음으로 무대에 올리기 전에 성령의 기름 부음이 있었다는 것입니다. 그리고 다른 사람을 위해 그리고 하나님께 영광을 돌리는 일을 통하여 그를 무대 위로 올리셨습니다. 그런데 그 과정에서 자신의 일상생활에서 열심히 익히고 연습했던 재능과 은사를 사용하셨다는 것입니다. 우리에게도 다윗에게 임했던 은혜가 임하기를 바랍니다.

사무엘상 18:1-20:42(18:1-16)

우리를 돕는 두 부류의 사람들

지난주 우리는 다윗을 왕으로 선택하시고 기름 부으셨던 하나님께서 그를 왕으로 세워 가시는 과정을 함께 살펴보았습니다. 인간적인 관점에서 보면, 시골의 크게 주목받지 못한 목동이 왕이 된다는 것은 사실상 불가능한 일이었습니다. 하지만 하나님께서는 정신적으로 어려움을 경험하는 사울 왕을 돕는 일을 통해, 그리고 하나님의 이름을 모욕하는 골리앗을 무너뜨리는 사건을 통해 다윗을 무대의 중앙으로 올리셨습니다. 다윗은 신앙 양심에 부끄러운 인간적인 수단과 방법이나 편법을 써서 그 자리에 이른 것이 아니라, 하나님께서 인도하시고 기회를 주심으로 자연스럽게 그 자리에 이른 것입니다. 우리도 모든 상황에서 조급해 하지 말고 자연스럽게 인도하시는 하나님을 바라보며 믿음의 길을 가야될 줄 믿습니다.

하나님께서 다윗을 왕으로 세워 가시는 과정을 통해 우리에게 교훈하시는 것은 무엇입니까? 먼저 하나님께서는 다윗을 무대 위로 올리시기 전에 그에게 기름을 부으셔서 성령의 놀라운 능력과 감동을 경험하게 하셨습니다. 성령의 능력과 역사하심이 없이 하나님의 백성은 어떤 일도 할 수 없기 때문입니다. 우리도 성령의 능력과 역사하심을 경험하기 위해 성령을 소멸시키거나 근심시키지 말고, 성령의 능력과 충만함을 사모하며 기도해야 할 것입니다. 다음으로 하나님께서는 어려움을 당한 사람을 돕는 방법을 통해서 그리고 모욕 받는 하나님의 이름을 높이고 하나님의 영광이 드러나는 방법을 통해서 다윗을 무대 위로 올리셨습니다. 그것은 성령의 기름 부음을 받은 자가 마땅히 해야 할 일이 무엇인지를 상징적으로 보여줍니다. 우리도 고린도전서 10장에서 말씀하는 것처럼 먹든지 마시든지 무엇을 하든지 주님의 영광을 위해서 하고, 또한 나의 유익을 구치 말고 다른 사람의 유익을 구하는 자가 되어야 할 줄 믿습니다.

그런데 주님의 영광을 위한 삶과 다른 사람의 유익을 위한 삶을 위해서 하나님께서는 우리에게 어떤 특별한 것이나 새로운 것을 요구하시는 것이 아님을 다윗을 통해 보여주셨습니다. 다윗이 사울에게 도움을 주었던 수금을 타는 일은 그가 평소가 재미있게 하던 일이었고, 골리앗을 무너뜨리는 일에 쓰임을 받은 물매로 돌을 던지는 일은 평소 양을 지키면서 그에게 익숙했던 일이었습니다. 마찬가지로 우리도 마음만 먹으면 우리의 재능과 은사와 삶의 영역에서 평소에 하던 일을 통해 얼마든지 하나님의 영광과 다른 사람의 유익을 위해 살 수 있음을 말씀드렸습니다.

오늘 본문은 다윗이 왕으로 준비되는 기간에 왕궁에서 만난 두 사람과의 이야기를 기록하고 있습니다. 그 두 사람은 사울과 요나단입니다. 그 두 사람은 앞으로 다윗이 왕이 되어 나라를 통치할 때 만나게 될 두 부류의 사람들(사울로 대표되는 부류의 사람들과 요나단으로 대표되는 부류의 사람들)을 상징적으로 대표합니다. 사실 우리가 살아가면서 가장 힘들고 어려운 것이 다른 사람들과의 관계입니다. 특별한 지혜가 필요합니다. 그래서 하나님께서는 사울로 대표되는 부류의 사람들과 요나단으로 대표되는 부류의 사람들을 그가 준비되는 기간에 미리 경험하게 하셨습니다. 사울과 요나단은 다윗 뿐 아니라 우리가 세상을 살아가면서 그리고 신앙생활을 하면서 만나는 대표적인 두 부류의 사람들이기도 합니다. 오늘 본문을 통해서 우리가 만나고 있고 또한 앞으로 만나게 될 사람들과 관련하여 우리에게 주시는 교훈을 찾고자 합니다.

사울과의 만남

골리앗과의 싸움에서 승리한 이후 다윗은 사울의 요청에 의해 집으로 돌아가지 않고 왕궁에서 사울과 함께 지내게 되었습니다. 18장을 보면, 다윗과 관련하여 네 가지 표현이 반복되고 있습니다.

먼저, 하나님이 다윗과 함께 하셨습니다(18:12, 14, 28).
다음으로, 다윗이 지혜롭게 행하였습니다(18:5, 14, 15, 30).
세 번째, 그로 말미암아 다윗이 승승장구했습니다(18:5, 30; 19:8).
마지막으로 다윗은 모든 사람들로부터 사랑과 인정을 받았습니다(18:5, 6-7, 16, 30).

세상에 이보다 더 좋을 수 없을 정도입니다. 이와 같이 다윗을 통한 하나님의 계획이 거칠 것이 없이 순조롭게 이루어져 가는 중에 다윗은 자신을 미워하고 계획적으로 죽이려고 하는 한 사람을 경험하게 됩니다. 그 사람이 사울입니다. 사울은 신앙적으로, 상식적으로 도저히 납득할 수 없는 악한 반응과 행동을 보여주었습니다. 먼저, 그는 사람들이 다윗을 사랑하는 것 때문에 시기와 질투를 하였습니다(18:7-8). 하나님께서 다윗과 함께 하시며, 다윗이 지혜롭게 행하는 것을 보면서 다윗을 더욱 더 두려워하였습니다(18:12, 15, 28-29). 그래서 그는 신앙과 이성을 모두 상실하고 다윗을 죽이기 위해 모든 수단과 방법을 다 동원합니다. 두 차례나 자신을 위해 수금을 타고 있는 다윗을 죽이려고 창을 던졌습니다(18:10-11; 19:9-10). 어느 순간부터는 아주 공공연하고 노골적으로 다윗을 죽이기를 선언합니다(20:1). 자신의 맏딸 메랍을 아내로 주는 대가로 블레셋과의 전쟁에 보내기도 합니다. 물론 그 딸을 다윗에게 주고 싶은 마음이 전혀 없었지만, 자신의 손에 피를 묻히지 않고 전쟁에서 다윗이 전사하도록 하기 위함이었습니다. 그런데 전혀 엉뚱하게 다른 사람(므홀랏 사람 아드리엘)에게 시집을 보냈습니다. 마침 자신의 딸 미갈이 다윗을 좋아하게 되자 다윗을 죽일 수 있는 좋은 기회라고 생각하여 다시 미갈을 위해 블레셋 사람 표피 100개를 바치는 조건으로 전쟁에 보내기도 합니다. 사울은 자신의 자리를 지키기 위해 딸까지 이용하고 팔아먹는 파렴치한 모습을 보여주었습니다.

뿐만 아니라 잠자고 있는 다윗을 죽이려고 밤에 자객들을 보내기도 합니다(19:11-17). 다윗이 라마 나욧에 있는 사무엘에게 피신을 갔는데 그 곳까지 세 번씩이나 사람들을 보내어 죽이려고 하였습니다(19:18-24). 아마 사무엘은 라마에 나욧(거주지)을 만들어 선지자 생도들을 훈련시켰던 것 같은데, 그럼에도 불구하고 사무엘은 여전히 영적 지도자로서 모든 백성들에게 영향력을 미치고 있었습니다. 그곳까지 보내어 다윗을 죽이려고 한 것은 사무엘과의 관계 단절을 각오하지 않으면 할 수 없는 일이었습니다. 사울은 모든 것을 다 포기하면서까지 다윗을 죽이려고 했던 것입니다. 모두 제정신이라면 결코 할 수 없는 일들이었습니다. 다윗은 결국 그곳에서도 도망하게 됩니다(20:1).

물론 그러한 행동의 모든 동기가 하나님께서 보내신 악한 영으로 말미암은 것이지만(18:10, 19:9), 그는 한 인간이 보여줄 수 있는 가장 추하고 악한 모습을 다 보여주고 있습니다. 그의 모든 악한 시도에도 불구하고 하나님께서 다양한 방법을 동원해서 다윗을 살려주셨습니다. 이것이 사울과 만남의 경험이었습니다.

우리도 마찬가지입니다. 우리는 믿음과 선한 양심으로 살고, 하나님께서 주신 지혜로 행하고, 하나님의 뜻을 이루어드리기 위해 최선을 다하고 있으면, 모든 사람들이 우리를 인정해 주면서 우호적으로 대해주고 협력할 것으로 생각합니다. 물론 그러는 경우가 많습니다. 하지만 반드시 그렇지는 않습니다.

하나님께서 우리와 함께 하시고 우리가 하나님께서 기뻐하시는 삶을 산다고 할지라도 오늘 본문의 사울처럼 시기와 질투가 가득하여 우리 일을 방해하며, 상식 이하의 모습으로 우리를 해코지

하는 사람들이 있습니다. 그러한 일들이 교회 밖에서만 일어납니까? 결코 그렇지 않습니다. 우리는 그러한 일들을 세상을 살아가면서도 경험하지만, 교회 안에서 신앙생활을 하면서도 얼마든지 경험할 수 있습니다. 또한 시기하고 질투하면서 우리를 힘들게 하는 사람들이 모두 하나님을 알지 못하는 사람들입니까? 반드시 그렇지 않습니다. 하나님을 알지 못하는 사람들도 있지만, 오늘 본문의 사울처럼 하나님을 믿는다고 하는 사람들 가운데도 우리를 힘들게 하는 사람들이 분명 있습니다.

여기에서 우리는 질문할 수 있습니다. 왜 우리가 선을 행하는데도 불구하고 우리를 힘들게 하며 괴롭히는 사람들이 있을까요? 한 마디로 이야기하면, 그것은 악한 영의 세력이 있기 때문입니다. 오늘 본문에서도 사울에게 악한 영이 임하니까 그런 행동을 하지 않을 수 없었습니다. 여러분, 우리는 주님께서 다시 오시는 그날까지 이 세상 어디에도, 그것이 세상일 수도 있고 교회 일 수도 있는데, 알곡만 있는 밭은 없다는 것을 기억해야 합니다. 주님께서 다시 오시는 그날까지 모든 밭에는 알곡과 함께 항상 가라지가 같이 나게 되어 있습니다. 단지 양의 차이, 수의 차이만 있을 뿐입니다. 우리 교회와 같이 알곡이 많은 밭은 가라지가 알곡에 가려서 잘 보이지 않을 수도 있습니다. 반면에 가라지가 많은 밭들은 시기와 다툼이 눈에 보이게 심각하게 드러냅니다. 주님께서 다시 오시는 그날 까지 아니면 우리가 주님 앞에 가는 그날 까지 우리가 살고 생활하는 모든 곳에서 상식 이하의 모습으로 우리를 힘들게 하고 괴롭히는 것은 결코 이상한 일이 아니고 우리가 겪어야 할 당연한 일인 것입니다. 베드로전서 4:12-13을 보겠습니다.

> 너희를 연단하려고 오는 불 시험을 이상한 일 당하는 것 같이 이상히 여기지 말고, 오히려 너희가 그리스도의 고난에 참여하는 것으로 즐거워하라.

부당하게 당하는 고난을 이상하게 여기지 말고 즐거워하라는 것입니다. 그런데 그것은 우리의 연단(또는 성숙)을 위해서 온다고 말씀합니다.

아마 여러분들이 다 아시는 이야기라고 생각되는데요, 원양어선이 잡은 물고기를 육지로 가져 오는데 2주 이상의 기간이 걸린다고 합니다. 그런데 그 고기들을 살려서 오는 방법은 물고기 통에 여러 마리의 메기를 넣는 것이라고 합니다. 육지로 오는 과정에서 그 고기들이 그냥 편안하게 나두면 다 죽게 되는데, 메기를 넣게 되면 물고기들이 메기에게 잡혀 먹히지 않기 위해서 깨어 있게 되고, 살기 위해서 도망 다니느라 살아서 온다는 것입니다.

우리도 마찬가지입니다. 우리가 오늘 본문의 다윗처럼 소위 '잘 나갈 때' 주변에 우호적이고 칭찬하는 사람들만 있고, 문제가 전혀 없는 좋은 환경에만 있다 보면 우리는 나태하고 교만하게 될 가능성이 높습니다. 또는 심각한 문제를 일으키는 경우도 있습니다. 그런데 어려운 환경이나 나를 힘들게 하는 사람들이 있으면 그것이 우리를 깨어 근신하여 기도하게 하고, 매사에 경거망동하지 않고 정신 바짝 차리게 됩니다. 적절한 긴장감은 우리에게 항상 필요하고 유익합니다. 아무런 문제가 없고 아무도 힘들게 하는 사람이 없는 환경이 결코 좋은 것만은 아니며, 힘들게 하고 어렵게 하는 사람이 있는 것이 결코 안 좋은 것만은 아닙니다.

사랑하는 여러분, 혹시 지금 상식 이하의 모습으로 여러분들에게 어려움을 주고 힘들게 하는 사람이 있나요? 그 사람이 배우자일 수도 있고, 직장 동료일 수도 있고, 자녀일 수도 있고, 동네 주민일 수도 있고, 친구와 같이 가깝게 있는 분일 수도 있습니다. 그렇다면 그 분들은 하나님께서 나에게 보내신 메기라고 생각하셔야 합니다. 실제로 그렇지 않습니까? 그렇기 때문에 물론 쉽지는 않겠지만 그들을 미워하셔도 안 되고, 나중에 두고 보자 하면서 복수의 칼을 갈아서도 안 됩니다. 오히려 그들을 긍휼이 여겨야 합니다. 왜냐하면, 그렇게 하는 것은 그들이 악한 영에 의해 지배되어 있기 때문입니다. 뿐만 아니라 나의 유익을 위해 하나님께서 그 사람들을 붙여주었기 때문에 오히려 감사해야 합니다. 요셉의 고백이 우리 모두의 고백이 되길 바랍니다. 창세기 45:5, 8입니다.

> 당신들이 나를 이 곳에 팔았다고 해서 근심하지 마소서 한탄하지 마소서 하나님이 생명을 구원하시려고 나를 당신들보다 먼저 보내셨나이다. … 그런즉 나를 이리로 보낸 이는 당신들이 아니요 하나님이시라 하나님이 나를 바로에게 아버지로 삼으시고 그 온 집의 주로 삼으시며 애굽 온 땅의 통치자로 삼으셨나이다.

요나단과의 만남

오늘 본문을 보면, 또 한 부류의 사람들이 등장합니다. 그들은 사울이 갖은 수단과 방법을 동원해서 다윗을 죽이려고 했지만 하나님께서 다윗을 보호하기 위해 보내신 사람들입니다. 하나님께서는 아내 미갈에게 지혜를 주셔서 다윗을 보호해 주시고, 하나님의 영이 직접적으로 역사하심으로 다윗을 지켜주시기도 했습니다. 그런데 사울의 비정상적인 행동에서 다윗을 도와주었던 대표적인 사람은 바로 요나단이었습니다.

다윗과 요나단은 다윗이 골리앗과의 싸움에서 승리하였을 때부터 마음과 마음이 하나가 되어 자기 생명과 같이 사랑하게 되었습니다(18:1, 3; 19:1; 20:17). 그들은 언약도 맺었습니다. 요나단은 자기 아버지 사울에게 간절히 탄원하여 일시적으로 사울의 노기를 풀어주기도 하고(19:1-7), 다윗과 함께 꾀를 내어 다윗을 도망가게도 합니다(20장). 사울의 마음이 너무도 확고한 것을 안 다음에 그들은 눈물을 흘리며 헤어지게 됩니다. 다윗은 그 때부터 긴 망명 생활을 시작하게 되었습니다.

사실 다윗이 왕으로 세워져가는 과정에서 가장 많이 시기하고 질투하면서 불편해야 할 사람은 사울이 아니라 요나단이었습니다. 요나단은 이미 세자로 책봉이 되어 있는 것이나 마찬가지였습니다. 다윗만 등장하지 않았으면 그가 왕이 되는데 전혀 문제가 없었습니다. 그의 신앙과 인품과 능력을 볼 때 왕이 되기에 충분한 자격도 있었습니다. 그러나 다윗으로 인해 자신이 차지할 어마어마한 자리가 순식간에 사라질 위기에 놓였습니다. 그러한 상황에서도 요나단은 인간적인 마음으로 다윗을 대하지 않았습니다. 오히려 다윗을 자기 생명과 같이 사랑하며 다윗이 사울을 피하는데 결정적인 도움을 주었습니다.

오늘 본문에 기록된 다윗과 요나단의 관계는 오늘날 여러 가지 면에서 결코 쉽게 찾아볼 수 없는 관계입니다. 그들은 모든 것을 초월하였고, 그들의 우정은 여인과의 사랑보다 진한 것이었습니다 (삼하 1:26). 그래서 동양에서는 절친한 친구 사이를 이야기할 때 '관포지교' 라는 말을 사용하지만, 서양에서는 대표적인 우정 관계를 이야기할 때 다윗과 요나단을 이야기합니다. 그렇다면 그러한 진한 우정이 어떻게 가능했을까요?

먼저, 하나님의 뜻과 섭리의 관점에서 보면, 하나님께서 다윗이 위기를 극복하고 하나님의 뜻을 이루어 가는데 있어서 다윗을 돕는 자로 요나단이라는 사람을 붙여주셨습니다. 본문을 보면, 요나단과 다윗의 관계를 설명할 때 성경의 기자는 계속해서 요나단을 주어로 하여 요나단이 다윗을 생명과 같이 사랑했다고 말씀합니다. 요나단이 더욱 적극적이고 뜨겁게 다윗을 좋아한 것입니다. 다시 말해, 하나님께서 요나단에게 자신의 생명처럼 다윗을 사랑하는 마음을 주셔서, 요나단이 적극적으로 다윗을 돕지 않을 수 없었습니다. 우리가 잘 알고 있는 고린도전서 10:13은 항상 우리에게 위로와 힘이 됩니다.

> 사람이 감당할 시험 밖에는 너희가 당한 것이 없나니 오직 하나님은 미쁘사 너희가 감당하지 못할 시험 당함을 허락하지 아니하시고 시험 당할 즈음에 또한 피할 길을 내사 너희로 능히 감당하게 하시느니라.

하나님께서 악한 사람에 의해서 여러 가지 어려움과 위기를 경험하게 하시지만, 항상 피할 길을 주신다는 것입니다. 하나님께서 우리에게 주시는 피할 길 가운데 하나가 오늘 본문의 요나단과 같은 사람을 붙여주시는 것입니다.

사랑하는 성도 여러분, 저는 하나님께서 우리 모두에게 요나단과 같은 동역자 또는 믿음의 친구를 붙여주시기를 간절히 축원합니다. 저는 우리가 신앙생활을 하면서 그리고 인생을 살아가면서 하나님께서 요나단과 같이 믿음이 통하고 서로 자신의 생명처럼 사랑하는 친구를 붙여주시는 것은 이 세상의 어느 것과도 비교할 수 없는 은혜와 복이라고 믿습니다. 왜 그렇습니까? 평소에도 우리는 요나단과 같은 친구와의 교제를 통해 많은 기쁨과 즐거움과 행복을 경험합니다. 좋은 일이 있을 때 칭찬으로 격려도 받고, 잘못된 부분이 있을 때 깨달음과 도전도 받습니다. 그런데 요나단과 같은 동역자나 친구는 특별히 위기와 한계의 상황에서 더 큰 진가를 발휘하게 합니다.

영국에 있는 한 출판사가 상금을 내걸고 친구라는 말의 정의를 독자들에게 공모한 적이 있었다고 합니다. 수천이나 되는 응모 엽서들 중 일등은 다음의 글이었습니다. '친구란 온 세상이 다 내 곁을 떠났을 때 나를 찾아오는 사람.' 친구란 어려울 때 그 진가를 발휘한다는 것입니다.

물론 우리의 영원한 친구, 진정한 친구, 그리고 최고의 친구는 예수님이십니다(요 15:15). 또한 어려움을 당할 때 하나님께서 우리의 궁극적인 도움과 힘이 되십니다. 그런데요, 우리가 살아가면서 위기나 어려움을 경험할 때 요나단과 같은 친구는 얼마나 많은 격려와 힘이 되는지 모릅니다. 저는 우리가 이렇게 소원하고 기도했으면 좋겠습니다. "하나님, 다윗을 자기 생명과 같이 사랑했던 요나단과 같은 친구들을 붙여주옵소서! 그것도 많이 붙여주옵소서!" 우리 모두가 그 은혜를 경험하기를 바랍니다.

뿐만 아니라 오늘 본문은 요나단을 통해 인간관계에 관한 중요한 교훈을 줍니다. 그것은 요나단은 다윗을 자기 생명과 같이 사랑했다고 했는데, 다른 사람을 자기 생명과 같이 사랑한 삶의 모습이 어떠한 지 보여주는 것입니다.

여러분, 하나님께서 우리에게 주신 대계명은 하나님을 사랑하고 이웃을 사랑하는 것입니다. 그런데 이웃을 내 몸과 같이 사랑하는 것이 쉬운가요? 아니면 쉽지 않은가요? 결코 쉽지 않습니다. 이웃을 내 몸과 같이 사랑하라는 결코 쉽지 않은 샘플을 요나단이 보여주고 있습니다.

그러면 요나단이 보여주었던 내 몸과 같이 이웃을 사랑했던 구체적인 모습은 무엇입니까? 먼저, 요나단은 결코 왕의 자리에 결코 연연해하지 않았습니다. 여러분, 왕의 자리가 쉽게 포기할 수 있는 자리입니까? 결코 그렇지 않습니다. 우리 대부분은 조그마한 자리 하나만 있어도, 조그만 이익이 되는 일이라도 그 자리와 일을 차지하려고 얼마나 치열하게 덤벼듭니까? 그러나 요나단은 그 자리가 아무리 탐나고 좋은 자리라고 할지라도 그 자리가 자신의 자리가 아닌 것을 알았기에 결코 욕심내지 않았고, 하나님께서 예비하신 다윗에게 조금도 주저 없이 양보하였습니다. 뿐만 아니라 요나단은 이후에 거의 등장하지 않습니다. 단지 다윗을 돕는 것이 그가 등장하는 이유였습니다. 그는 단지 자신에게 주어진 일에만 최선을 다하고 사라져 버렸습니다.

사랑하는 성도 여러분! 주님께서 우리에게 명하신 이웃을 내 몸과 같이 사랑하는 삶은 어떤 삶입니까? 그것은 아무리 중요하고 귀하게 보이는 것이라고 할지라도 만약 그것이 더 필요하고 더 적절한 사람이 있다면, 욕심 부리지 않고 그 사람을 위해 조금도 미련 없이 양보하는 삶인 줄 믿습니다.

다음으로, 요나단은 다윗을 경쟁자로 보지 않았습니다. 그래서 시기와 질투가 전혀 없었습니다. 이것은 자리에 연연하지 않는 사람들에게 나타날 수 있는 자연스러운 모습입니다. 물론 이 부분도 결코 쉽지 않습니다. 여러분, 직장이나 주변에서 아랫사람이 나보다 뛰어난 능력으로 잘 나갈 때, 우리 아이보다 옆 집 아이가 더 탁월하게 어떤 일을 할 때 과연 우리는 그 사람들에게 시기와 질투를 느끼지 않고 그 사람들을 잘 세워줄 수 있습니까? 결코 쉽지 않습니다. 그것은 진정 이웃을 내 몸과 같이 사랑할 수 있는 사람만이 할 수 있는 것입니다.

사랑하는 성도 여러분, 저는 우리의 인생이 힘든 이유 가운데 하나가 주변의 사람들을 경쟁자로 보기 때문이라고 생각합니다. 경쟁자로 보기 때문에 시기하고 질투하고 마음이 편치 않은 것입니다. 요나단과 같이 경쟁하지 않고 우리에게 주어진 길에 최선을 다하기만 하면 얼마나 인생이 편하고 즐거운지 모릅니다. 예를 들어, 요즈음에 운동들을 많이 하시는데 조깅할 때 다른 사람과 경쟁하면 안 됩니다. 그냥 내 페이스로만 달리면 됩니다. 다른 사람이 앞서 가려고 하면 그냥 기쁘게 보내주면 됩니다. 그것이 우리 인생이 살아가야 할 원리입니다. 이웃을 내 몸과 같이 사랑하는 삶은 시기와 질투하며 경쟁하는 삶이 아니라 그냥 나의 길을 달려가면서 다른 사람을 돕고 동고동락하는 삶인 줄 믿습니다. 그럴 때 진정 복되고 평안하고 더욱 빛나는 인생을 살게 될 줄 믿습니다.

뿐만 아니라 요나단은 혈연이나 인간관계에 얽매이지 않고 진리를 따르는 사람이었습니다. 그는 하나님께서 다윗과 함께 하심을 보았습니다. 그래서 아버지를 속이면서까지 다윗을 도망하게 도와줍니다. 이것도 역시 쉽지 않는 부분입니다.

우리는 종종 남편이기 때문에 아내이기 때문에 형제이기 때문에 친구이기 때문에 아는 사이이기 때문에 잘못되어 있는 줄 알면서도 그 쪽 편에 서는 경우가 많습니다. 물론 기존의 관계를 버려서는 안 됩니다. 요나단도 그랬습니다. 결코 혈연을 떠나지는 않았습니다. 끝까지 아버지 사울의 곁에 있었고 함께 죽음의 자리에 이르렀습니다. 그러나 더욱 중요한 것은 하나님의 편에 서는 것입니다. 혈연관계보다는 진리와 하나님의 뜻을 택하고 따르는 것, 다시 말해, 맹목적인 사랑이 아니라 진리 안에서 사랑하는 삶, 그것이 이웃을 내 몸과 같이 사랑하는 사람의 삶인 줄 믿습니다.

우리가 만나는 두 부류의 사람들

오늘 본문에서 사울과 요나단은 정반대의 모습을 보입니다. 사울은 자신의 자리에만 연연하였습니다. 시기와 질투가 가득하여 다윗을 경쟁자로 보았습니다(18:8-9). 진리에 관심이 없었습니다. 그러나 요나단은 믿음의 사람이 보여주어야 할 대인 관계의 진정한 모습을 샘플로 보여주었습니다. 그는 자리에 연연하지 않았고, 시기/질투하지 않았고, 혈연관계에 얽매이지 않았고 진리(또는 하나님 뜻) 안에서 사랑하였습니다.

그들의 근본적인 차이는 무엇입니까? 둘 다 하나님의 뜻을 알았습니다(삼상 23:17; 24:20). 그러나 요나단에게는 온전히 하나님을 인정하고 신뢰하는 믿음이 있었습니다. 사무엘 상 14:6에서 "여호와께서 우리를 위하여 일하실까 하노라. 여호와의 구원은 사람이 많고 적음에 달리지 아니하였느니라"는 고백을 했습니다. 요나단은 모든 것이 하나님께 달려 있다는 것을 믿었습니다. 바로 그것입니다. 요나단과 같이 우리 인생의 진정한 복과 기쁨과 승리가 인간적인 계산에 있지 않고 하나님께 있음을 믿을 때 우리는 그렇게 살 수 있을 줄 믿습니다. 그러한 요나단과 같은 사람이 우리 기독교 역사에도 존재합니다.

전라북도 김제에 가면 '금산교회'라고 있습니다. 그 교회는 1908년에 지은 교회당인데 당시에는 남녀가 따로 앉아서 예배를 드렸기 때문에 ㄱ자로 예배당을 만들었는데, 지금은 전국에서 유일하게 남아 있는 ㄱ자 교회라고 합니다. 전라북도 문화재 136호로도 등록되어 있습니다. 그런데 교회당보다도 한국 교회사에서 더 유명한 이야기가 있습니다. 아마 아시는 분들이 계실지도 모르겠습니다. 조덕삼 장로(1867-1919)와 이자익 목사(1879-1958) 이야기입니다. 조덕삼 장로는 그 지역의 유지였고, 이자익 목사는 원래 그의 집에서 마부로 일하던 머슴이었습니다. 조 장로가 테이트(Lews Boyd Tate, 한국명: 최의덕) 선교사를 통해 1904년에 복음을 받아들였고 이자익도 같이 신앙생활을 하게 되었습니다. 그들은 신앙생활을 한지 3년 만에 신앙이 급성장하였고, 1907년 금산교회는 장로장립투표를 했는데, 묘하게도 두 사람이 후보에 올랐는데 종인 이자익이 주인인 조덕삼을 누르고 장로로 선출되었습니다. 당시에 주인과 종이 경쟁한다는 것은 상상도 할 수 없는 일이었고 그러한 투표 결과는 전혀 예상치 못한 일이었습니다. 교회가 술렁거렸습니다. 그 때 조덕삼은 성도들을 향해 이렇게 말했습니다.

> 우리 금산교회 성도들은 참으로 훌륭한 일을 해냈습니다. 저희 집에서 일하는 이자익 영수(장로보다 낮은 직분으로 교회의 살림과 행정, 설교를 맡아서 함)는 저보다 신앙의 열의가 대단합니다. 그를 뽑아 주셔서 참으로 감사합니다.

그 후 이자익은 장로가 된 뒤 테이트 선교사를 대신해 교회 강단에서 설교했고 조덕삼은 교회 바닥에 꿇어 앉아 그의 말씀을 들었다고 합니다. 물론 집에서는 이자익이 조덕삼을 주인으로 성실히 섬겼습니다. 조덕삼은 자신의 종을 장로로 섬겼을 뿐만 아니라 그가 평양에서 신학을 공부 할 수 있도록 지원도 아끼지 않았다고 합니다. 조덕삼도 그로부터 3년 뒤 비로소 장로가 되었습니다.

이자익은 주인의 배려로 훗날 신학교를 졸업하고 목회자가 되어 1915년 금산교회 2대 목사로 부임했는데, 당시 조덕삼은 이자익을 담임목사로 청빙하고자 적극 나섰습니다. 조덕삼은 이자익을 정성으로 섬기면서 많은 이들로 부터 존경을 받았다고 합니다. 이자익 역시 사랑으로 성도들을 돌봤고, 교단에서 어려움이 있을 때마다 세 번씩[13회,(1924) 33회,(1947) 34회(1948)]이나 총회장을 지내는 한국교회사의 거목으로 이름을 알리게 되었습니다.

조덕삼 장로는 임종 때에 이자익 목사를 부르고 자식들에게 금산교회와 이자익 목사님을 대대로 잘 섬기라는 유언을 남기고 운명하셨다고 합니다. 그 때 이자익 목사가 "하나님! 6살에 고아가 된 떠돌이를 받아 주어 예수 믿게 하고 장로로 세워 신학 공부시켜 목사 되게 하신 장로님, 내가 이런 장로님을 다시 뵈올 수 있겠습니까? 장로님 내 생명이신 장로님!"하는 눈물의 감사를 하였다고 합니다.

조덕삼 장로는 요나단과 같은 믿음의 사람이었습니다. 그는 자리에 대해 연연하지 않았습니다. 결코 시기하거나 질투하지도 않았습니다. 주인과 종이라는 인간관계에도 초연했습니다. 진정 믿음의 대인배 다운 모습을 보여주었습니다.

사랑하는 성도 여러분,

우리가 이 땅을 살다보면 크게 두 부류의 사람을 만나게 됩니다. 사울과 같은 사람도 만나고, 요나단과 같은 사람도 만납니다. 전체적으로 보면, 사울 쪽에 가까운 사람들이 훨씬 더 많은 것 같습니다. 그런 분들이 우리를 힘들게 하기도 합니다. 하지만 우리는 사울과 같은 사람을 만날 때에도 미워하거나 원망하지 말고 감사해야 합니다. 왜냐하면 하나님께서 그들도 나에게 유익하고 도움이 되도록 붙여주는 사람들이기 때문입니다. 그러나 사울과 같은 사람이 되어서는 안 됩니다.

또한 하나님께서 우리 모두에게 요나단과 같이 우리를 생명처럼 사랑하는 사람들을 많이 붙여주시기를 바랍니다. 뿐만 아니라 요나단이 보여주었던 진정 이웃을 내 몸과 같이 사랑하는 삶을 살 수 있기를 바랍니다. 하나님을 신뢰하는 믿음으로 자리에 연연하지 않고 더 적절한 사람에게 양보하는 삶, 시기하거나 질투하지 않고 협력하며 동고동락하는 삶, 혈연 지연 인간관계에 얽매이지 않고 진리를 따르는 삶을 살 수 있기를 소원합니다. 그래서 아름답고 복된 인생이 되기를 간절히 축원합니다.

사무엘상 21-22장(21:1-6; 22:11-23)
인생의 광야에 내몰릴 때

하나님께서는 놀라운 은혜와 능력으로 이스라엘을 가나안 땅으로 인도하셨습니다. 또한 그 은혜와 능력을 경험한 이스라엘이 가나안 땅에서 주변의 이방민족들과는 구별된 모습을 보이기를 원하셨습니다. 하지만 이스라엘은 배은망덕하여 계속해서 하나님께 죄를 지었습니다. 하나님께서는 이스라엘을 사랑하셨기 때문에 이스라엘이 죄 가운데 있는 것을 그냥 놔두시지 않고, 죄를 지을 때 그들을 징계하셨습니다.

이스라엘은 징계를 당하면 그제야 회개하였고, 하나님께서는 그들을 회복시켜 주셨습니다. 이스라엘은 죄와 징계 그리고 회복을 반복적으로 경험하였고, 급기야 그들을 다스릴 인간 지도자 '왕'을 원했습니다. 물론 왕정 제도 자체가 나쁘거나 악한 것은 아니었지만, 문제는 그들이 왕을 구하는 의도였습니다. "다른 나라들과 같이" 왕이 필요하다고 요구하였던 것입니다. 하나님께서는 그것이 그들의 왕 되신 하나님을 버리는 일이라고 평가하셨습니다.

왕정 제도 자체는 나쁜 것이 아니었기에 하나님께서는 기대감을 가지고 이스라엘에게 왕을 주셨는데, 그 첫 번째 왕이 사울이었습니다. 그런데 사울 왕은 초심을 잃어버리고 불순종함으로 하나님을 실망시켰고, 결국은 버림을 받게 되었습니다. 하나님께서는 사울 왕을 대신할 한 사람을 택하셨는데, 그 사람이 바로 다윗입니다. 다윗은 시골 목동이었는데, 인간적으로 크게 주목을 받지 못했던 평범한 사람이었습니다. 중심을 보시는 하나님께서는 다윗을 이스라엘 미래의 왕으로 택하시고 선지자 사무엘을 통해 그에게 기름을 부으셨습니다.

그리고 시골뜨기였던 다윗을 자연스럽게 무대의 중앙으로 옮기셨습니다. 특별히 이스라엘을 조롱하는 거인 골리앗과의 싸움에서 어느 누구도 예상치 못한 놀라운 승리를 얻게 하셨습니다. 다윗은 일약 스타가 되었습니다. 골리앗과의 싸움에서 승리한 이후에 다윗은 사울의 요청에 의해 집으로 돌아가지 않고 왕궁에서 사울과 함께 지내게 되었습니다. 그 이후에도 하나님께서 함께 하심으로 다윗은 주변국들과의 전쟁에서 연전연승 하였고, 모든 사람들로부터 더 큰 사랑과 인정을 받게 되었습니다. 세상에 그보다 더 좋을 수 없는 행복한 시간들을 보냈습니다.

문제는 그 때부터 발생했습니다. 사울이 모든 백성들로부터 신뢰와 인기가 충천한 다윗을 시기하게 된 것입니다. 하나님으로부터 기인한 악한 영에 사로잡힌 사울은 신앙과 이성을 상실하고 아주 노골적으로(일부러 전쟁에 내보내거나 자객을 동원해서) 다윗을 죽이고자 합니다. 그렇지만 하나님의 지켜주심과 요나단의 도움으로 죽음의 위기에서 벗어나게 되었고, 결국은 왕궁을 떠날 수밖에 없는 상황에 이르렀습니다. 이것이 이제까지 보았던 사무엘상 20장까지의 내용입니다.

다윗을 여러 곳으로 이동하게 하시는 하나님

오늘 본문 21장부터 사무엘상 마지막까지는 왕궁에서 도망 나온 다윗이 왕이 되기 전까지 광야 생활을 기록하고 있습니다. 오늘은 그 가운데 21-22장을 보겠습니다. 1절입니다.

> 다윗이 놉에 가서 제사장 아히멜렉에게 이르니 아히멜렉이 떨며 다윗을 영접하여 그에게 이르되 어찌하여 네가 홀로 있고 함께 하는 자가 아무도 없느냐 하니

먼저 다윗이 사울을 피해 첫 번째로 간 곳은 '놉'이었습니다. 놉은 사울이 거주하였던 기브아에서 약 4km 떨어져 있었는데, 당시 이스라엘의 종교 중심지였습니다. 실로가 쇠퇴한 후에 성막이 안치되었던 곳입니다(참고. 삼상 4:3). 그 때에 우리가 잘 아는 엘리 제사장의 증손자인 아히멜렉(엘리-비느하스-아히둡-아히멜렉)이 그곳에서 대제사장으로 섬기고 있었습니다(참고. 삼상 14:3; 22:9,11,20;).

오늘 본문의 아히멜렉과 다윗의 대화 내용으로 보아 그 둘은 이미 잘 알고 있는 사이였던 것 같습니다(22:15). 갑자기 도망 나온 다윗은 그곳에서 하나님의 뜻을 묻고 하나님의 인도하심을 받고자 했던 것 같습니다(삼상 22:10,15).

그런데 제사장 아히멜렉을 만난 다윗은 거짓말을 합니다. 2절을 보면, 다윗은 도망 나온 것이 아니라 왕의 명령을 수행하고 있다고 말합니다. 그리고 당시 제사장들만 먹을 수 있었던 진설병을

먹었습니다. 또한 과거 골리앗을 무너뜨릴 때 획득했던 칼이 그곳에 보관되어 있었는데, 그 칼을 가지고 다시 두려움으로 블레셋의 가드로 도망하였습니다(10절). 가드는 놉에서 남서쪽으로 약 35km 떨어진 곳이었습니다. 다윗이 그렇게 먼 곳으로 옮겨 간 것은 아마 사울의 손길이 닿지 않는 곳에서 편안하게 살기 위함이었던 것 같습니다. 그런데 가드 왕인 아기스의 신하들이 다윗을 알아보았습니다(11절). 다윗은 거기에서 침을 흘리면서 미친 척하다가 쫓겨납니다(15절. 이 때 지은 시가 34편입니다).

어쩔 수 없이 그곳을 떠나 가드에서 남동쪽으로 약 16km 떨어진 아둘람 굴로 도망합니다(삼상 22:1). 여러분, 아둘람 굴에 대해서 많이 들어보셨죠? 그 아둘람 굴에 있는 그에게 환난을 당한 자, 빚진 자, 그리고 마음이 원통한 모든 자가 몰려왔는데 사백 명 가량 되었습니다(22:2. 이 때 지은 시가 시 57편과 142편입니다).

이 때 다윗의 부모와 형제들도 그를 찾아옵니다. 사울이 다윗의 가족들도 죽이려고 했기 때문에 사울의 위협을 피해서 도망 온 것 같습니다. 다윗은 또 다시 모압으로 피신해서 부모와 형제들과 함께 안전하게 살려고 했습니다. 모압은 그의 증조할머니 룻의 조국이었기 때문에 그렇게 하지 않았나 생각됩니다.

이 때 갓 선지자가 다윗에게 다시 이스라엘 땅으로 돌아가라고 권면합니다. 갓이 그렇게 권면한 이유는 여러 가지가 있을 것 같은데, 형식적으로는 기름 부음을 받은 미래에 왕이 될 사람이 이 국땅에서 사는 것이 합당치 않게 여겨졌기 때문이 아닌가 생각합니다. 다윗과 무리들은 다시 이스라엘 영토인 헤렛 수풀이라는 곳으로 돌아오게 됩니다(22:5).

다윗이 다시 헤렛 수풀로 돌아온 것을 사울이 듣게 되었습니다. 사울은 신하들을 불러 모아 다윗을 잡아 올 것을 명령합니다. 그 때 다윗이 제사장 아히멜렉에게 갔던 것을 보았던 도엑이라는 에돔 사람이 그 사실을 사울에게 보고합니다. 사울은 아히멜렉을 불러서 자초지종을 묻습니다. 아히멜렉은 다윗을 변호하는 입장을 취했습니다(14-15절). 사울은 분노하면서 호위병들에게 놉에 있는 제사장들을 죽이도록 합니다(16-7절). 그 명령이 너무나 터무니없는 것이었기 때문에 그들은 순종하지 않았습니다. 그러자 사울은 도엑이라는 사람에게 명해서 에봇(제사장들이 입었던 옷)을 입은 자 85명을 죽였고, 놉에 사는 남녀와 아이들과 젖 먹는 자와 소와 나귀와 양까지 죽였습니다(18-19절).

사울이 정말 제 정신이 아니었습니다. 제사장들은 당시 국가의 흥망성쇠의 열쇠를 쥐고 있는 종교 지도자들이었습니다. 그러한 사람들을 잘못도 없는데, 그것도 한 명도 아니고 모두를 죽였고, 마을 전체를 초토화 시켰던 것입니다. 이 사건은 사울이 행한 일 가운데 가장 악한 일이었고, 성경 전체의 기록에서도 가장 악한 일 가운데 하나로 여겨지는 참으로 끔찍한 일이었습니다(이 때 다윗이 지은 시가 시편 52편입니다).

그 때 아히멜렉의 아들 아비아달은 간신히 도망하여 다윗에게로 가서, 모든 것을 알려줍니다. 다윗은 자신 때문에 죄 없는 사람들 특히 종교 지도자들인 제사장들이 한꺼번에 죽임을 당했다는 사실을 듣고 억장이 무너지는 것 같은 슬픔과 괴로움을 경험했습니다. 다윗은 자신의 잘못을 인정하고(22절), 아비아달을 지켜주기로 약속합니다(23절). 이것이 오늘 본문의 내용입니다.

일부러 광야의 과정을 거치게 하시는 하나님

오늘 본문이 주는 교훈을 살펴보기 전에, 오늘 본문부터 31장까지 기록되어 있는 도망 나온 다윗이 왕이 되기 전까지의 광야 생활을 통해 전체적으로 하나님께서 우리에게 주시는 교훈을 먼저 생각하고자 합니다. 그것이 무엇이라고 생각합니까? 한 마디로 하면, 하나님께서는 하나님의 사람을 귀하게 쓰시기 전에 먼저 소위 '광야' 라는 과정을 거치게 하신다는 것입니다. 물론 수요 예배에 오신 분들은 신앙생활에 있어서 광야의 과정에 대해 자주 설교를 들었고, 아마 잘 알고 있을 것입니다. 그렇죠? 그런데 광야의 과정은 우리 신앙생활에서 너무도 중요하기 때문에 자주 되새김할 필요가 있다고 생각합니다. 뿐만 아니라 다윗은 성경의 어느 인물보다도 특별하고 독특한 광야의 과정을 거쳤는데요, 성경은 그것을 아주 구체적이고 실감나게 우리에게 보여주고 있습니다.

거듭 말씀드린 것처럼, 하나님께서 미래의 왕으로 다윗을 선택하시고 기름을 부으셨습니다. 하나님께서는 사울을 병이나 사고나 전쟁으로 인해 갑작스럽게 죽게 하시거나 다윗이 쿠데타를 일으켜서 곧바로 왕의 자리에 앉게 하지 않으시고, 먼저 그에게 광야를 경험하게 하셨던 것입니다. 우리는 광야라는 단어를 상징적인 의미로 사용하는 경우가 많은데, 다윗은 문자 그대로의 광야를 경험하였습니다. 물론 그것은 그가 예상하지도 원하지도 않았던 것입니다. 또한 잘못해서 그렇게 된 것도 아니었습니다. 하나님께서는 그가 전혀 예상치 못한 상황에서 주도적으로 좀 더 실감나게 표현하면 강제적으로 그를 광야로 내몰았습니다.

그것도 짧은 시간 동안 잠깐 그렇게 하지 않았습니다. 학자들은 대개 이 때 다윗의 나이가 20세 정도라고 추측합니다. 그렇다면 다윗이 왕 된 때가 30세이니까 다윗은 약 10년 정도의 결코 짧지 않은 광야의 삶을 살았던 것입니다(삼하 5:4). 기간만 긴 것이 아니었습니다. 하나님께서는 아주 혹독하게 다윗이 광야의 훈련을 받게 하셨습니다. 무엇을 보고 알 수 있습니까? 오늘 본문을 보면 다윗은 광야의 삶을 시작하면서 블레셋이나 모압에 머물기 원했지만, 하나님께서는 그것을 허락지 않으셨습니다. 왜 그랬을까요? 블레셋이나 모압에 있으면 하나님께서 다윗을 광야로 내몬 의미가 반감되기 때문이었습니다. 만약 다윗이 블레셋 땅이나 모압에 있었다면 사울의 추격도 벗어나고 그들의 돌봄을 받으면서 어느 정도 안정된 생활을 할 수 있었습니다. 하나님께서는 그 정도의 광야 훈련을 원치 않으신 것입니다.

물론 다윗이 골리앗을 무너뜨릴 때 보여준 것처럼 이미 탁월한 믿음의 사람이었고, 사울의 부하로 있는 동안에도 전쟁에서 연전연승 한 것으로 보아 지도자로서의 능력과 지혜가 갖추어져 있었습니다. 그럼에도 불구하고 하나님께서는 다윗이 왕의 사명을 더욱 온전하고 능력 있게 감당하도록 하기 위해서 길고 혹독한 광야의 과정으로 그를 내 모셨던 것입니다.

사랑하는 성도 여러분! 하나님께서는 우리 모두에게도 필요하다고 생각되면 광야의 삶을 살게 하시는 줄 믿습니다. 아멘 소리가 그렇게 크지 않네요. 솔직히 별로 아멘하고 싶지 않는 말씀이죠? 그렇지 않나요? 만약 쉽게 아멘이라고 하시는 분은 크게 두 부류의 사람일 것입니다. 먼저 아주 성숙하거나 생각이 깊은 분들이 그럴 수 있습니다. 또 한 부류는 광야의 과정을 잘 모르시는 분들이 그럴 수 있습니다.

왜 그렇습니까? 광야의 과정과 삶이 결코 쉽지 않기 때문입니다. 다윗을 보더라도 그 과정이 얼마나 힘든지 쉽게 알 수 있습니다. 오늘 본문을 보면, 다윗은 있을 곳이 없어 두려워 떨면서 이곳 저곳으로 도망 다녔습니다. 배고파 굶주려서 먹을 것 때문에 거짓말도 하였습니다. 죽음의 위기 앞에서 침을 흘리면서 미친척하는 속임수 연기도 하였습니다. 자신 때문에 많은 종교 지도자들이 몰살당하는 억울한 일도 경험하였습니다. 광야에서의 다윗의 삶은 참으로 비참하고 수치스럽고 억울한 삶이었습니다.

이와 같이 광야의 삶은 결코 쉽지 않기 때문에 사실 자원해서 광야의 삶을 사는 경우는 그렇게 많지 않습니다. 대부분의 경우 원치도 않고 의도하지도 않지만 하나님께서 주도적이고 강권적으로 내 모셨기 때문에 마지못해 그 길을 가는 것입니다.

광야로 내 모시는 이유

그러면 하나님께서 왜 우리가 원치 않는 광야의 삶을 강권적으로 살게 하십니까? 그 이유는 간단합니다. 그것이 우리의 장래와 앞날을 위해 반드시 필요하기 때문입니다.

어느 과학자가 하루는 천잠나비라고 하는 곤충이 번데기에서 나비로 변하는 과정을 관찰하였다고 합니다. 그 곤충은 안에서 꼭 바늘 구멍만한 구멍을 하나 뚫고는 그 틈으로 몸 전체가 나오기 위하여 꼬박 한나절동안 아주 힘든 고통을 치르는 것이었습니다. 그 분은 그것이 너무 안타까워 그 다음 나방은 쉽게 나오도록 고치를 찢어주었습니다.

이상한 것은 쉽게 구멍을 벗어난 나방은 그 무늬나 빛깔도 영 곱지 않고, 제대로 날지도 못하고 금방 죽어버리더라는 것입니다. 그것을 보면서 그는 나방이 고치를 뚫고 나오려고 애쓰고 발버둥 치는 그 일이 바로 날개를 튼튼히 자라게 하고 몸의 힘을 길러주며 아름다운 색채를 내게 만들어주는 과정이었던 것을 알게 되었습니다.

사랑하는 성도 여러분, 나방이 온전하고 강해지기 위해서 고치를 뚫고 나오는 힘든 과정이 필요한 것처럼 하나님의 사람에게 광야의 과정은 필수 코스인 줄 믿습니다. 우리가 잘 알고 있는 대로 사울은 실패한 왕이 되었고 다윗은 이스라엘 역사에 있어서 가장 탁월하고 존경받는 왕이 되었습니다. 사실 처음의 사울은 처음의 다윗보다도 인간적인 면에서 보면 훨씬 뛰어난 사람이었습니다.

두 사람 사이의 가장 중요한 차이가 어디에 있다고 생각합니까? 여러 가지를 말할 수 있지만, 인간적인 관점에서만 보면, 저는 두 사람의 가장 큰 차이는 광야의 경험이 있는 것과 없는 것의 차이라고 생각합니다. 실제로 다윗은 광야의 과정을 거치면서 그 과정이 아니면 결코 경험하지 못할 많은 것들을 경험하였습니다. 그러면서 하나님께서 쓰시기에 합당한 그릇으로 준비되어 갔던 것입니다.

종종 말씀드린 것 같은데요, 저도 처음 예수님을 믿으면서 10여 년 동안 광야를 경험했습니다. 저는 고 2 때 몸이 아파서 진정한 의미에서의 신앙생활을 시작하였는데요, 그 때부터 30살에 결혼하기 까지 다윗이 경험한 비슷한 시기에 길고 힘든 광야의 시간들을 보냈습니다. 하나님께서 쉽게 광야 생활을 철수시켜 주지 않았습니다. 그 과정을 지날 때는 너무 힘들고 끝이 보이지 않는 것 같았습니다. 하지만 그 과정을 지나면서 하나님께서 저의 신앙과 인격의 놀라운 성숙과 발전을 주신 것은 두말할 나위가 없습니다.

그런데요, 하나님께서 처음 신앙생활을 시작할 때만 광야로 우리를 내 모는 것이 아니라, 우리 신앙생활의 전 과정에서 필요할 때마다 그렇게 하시는 것 같습니다. 하나님께서는 저를 지난 해 전반기에 약 반년 동안 다시 광야의 경험을 하게 하셨습니다. 사실 제가 지난여름부터 다윗이라는 인물을 중심으로 설교를 하게 된 가장 중요한 이유는 제가 광야에 내몰려져 있었기 때문입니다. 이번에는 그렇게 길지 않았지만 저에게 너무도 유익했습니다. 하나님께서는 제가 그동안 잊고 있던 신앙생활의 중요한 원리들을 다시 깨닫게 하셨고, 그동안 놓쳤던 부분들을 회복하고 경험하게 하셨습니다. 광야에서의 시간들은 항상 우리의 신앙과 삶을 위해 유익하고 필요한 것인 줄 믿습니다.

광야 생활의 구체적인 유익

그러면 구체적으로 광야의 삶이 주는 유익은 무엇입니까? 가장 중요한 한 가지를 말하라고 하면, 그것은 광야 생활은 하나님을 간절히 찾게 하고, 그로 인해 자주 그리고 깊이 하나님을 체험하게 하는 것입니다. 광야 생활을 할 때 우리는 보통 때보다 아주 간절히 기도하지 않을 수 없습니다. 그렇기 때문에 광야 생활을 하면서 많은 기도 응답을 경험하게 되고 하나님을 아주 깊이 알게 되는 것은 당연하고 자연스러운 결과입니다.

그래서 시편 가운데 많은 시가 어려움을 당할 때 다시 말해 광야를 경험할 때 쓰여 졌습니다. 왜 그렇습니까? 그것은 어려울 때 하나님을 간절히 찾게 되고, 그로 말미암아 하나님을 깊이 경험했기 때문입니다. 다윗도 마찬가지입니다. 특별히 다윗이 광야 생활을 할 때 쓴 시라고 표제어로 된 시가 34편, 52편, 57편, 142편인데요, 시편 34:4, 6, 8을 보겠습니다.

> 내가 여호와께 간구하매 내게 응답하시고 내 모든 두려움에서 나를 건지셨도다
> 이 곤고한 자가 부르짖으매 여호와께서 들으시고 그의 모든 환난에서 구원하셨도다
> 너희는 여호와의 선하심을 맛보아 알지어다 그에게 피하는 자는 복이 있도다

다윗은 광야의 어려움 가운데 하나님을 의지하면서 간절하게 기도했습니다. 여전히 광야라는 공간에 있기는 하였지만 순간순간 기도의 응답을 경험하고, 하나님의 도움과 인도하심을 체험하였던 것입니다.

하나님께서 저에게도 연단의 기간에 많이 기도하게 하셨습니

다. 하나님께서는 저를 고등학교 때부터 새벽기도를 하게 하셨습니다. 대학을 다닐 때도 여전히 광야의 삶을 살았기 때문에 매일 규칙적으로 기도하고, 종종 금식기도도 하고 산기도도 하였습니다. 아니 그렇게 하지 않을 수 없었습니다. 그리고 많은 기도 응답을 경험하게 하셨습니다. 그 때 기도의 훈련이 되어서 유학을 가서도 기도의 시간을 줄이지 않았고 지금도 여전히 규칙적으로 기도하고 있습니다.

지난해에 어려움을 당하면서도 제가 최근 10여 년 동안 그렇게 간절히 기도한 적이 없을 정도의 간절함으로 기도하게 하셨습니다. 그리고 하나님의 놀라운 인도하심과 역사하심을 경험하게 하셨습니다. 요즈음에도 그 간절함이 저의 기도에 담겨 있는 것 같습니다. 광야는 우리를 기도의 자리로 인도하여 하나님을 깊이 경험하게 하는 복된 자리인줄 믿습니다.

사랑하는 성도 여러분,
우리가 가운데도 건강 때문에, 물질 때문에 광야의 시간들을 보내고 있는 분들이 많이 계실 것입니다. 남편이나 아내 또는 자녀들이 광야의 시간을 보내고 있기 때문에 같이 광야의 시간을 보내시는 분들도 계실 것입니다. 그 과정이 너무 길고 너무 혹독하다고 생각하면서 많이 힘들어 하시는 분들도 계실 것입니다. 실제로 주변에 너무 힘들게 광야의 과정을 지나고 있는 분들을 보면서 마음이 아플 때가 많습니다.
더욱 안타까운 것은 문제의 해결이 우리의 영역 밖에 있는 경우가 많다는 것입니다. 그럼에도 불구하고 그러한 분들에게 제가 드릴 수 있는 말씀은 이것입니다.

"결코 낙심하거나 좌절하거나 포기하지 마십시오. 다만 그 과정 가운데서 간절한 마음으로 주님을 의지하고 주님께 아뢰십시오. 그러면 하나님을 깊이 경험할 수 있습니다!"

너무 판에 박힌 말이지만, 이 말씀은 너무도 분명한 진리입니다. 저는 우리 모두도 다윗처럼 간절한 마음으로 주님을 의지하고 주님께 기도하면 주님께서 반드시 그 어느 때보다도 풍성하게 우리의 기도에 응답하심을 경험하게 될 것이고, 그로 인해 더 깊이 하나님을 알아가게 될 것을 분명히 믿습니다. 그래서 광야의 과정이 결코 이 세상의 어떤 것으로도 살 수 없는 은혜와 축복의 시간이요 기회였다는 것을 고백하게 될 줄 믿습니다.

광야 생활에 패키지로 오는 것들

그러면 이제 오늘 본문을 잠깐 보겠습니다. 오늘 본문은 우리가 광야의 삶을 살 때 많은 경우 패키지로 함께 경험하는 것들에 대해서 말씀합니다.

거짓말과 속임수의 유혹

먼저, 다윗은 광야의 과정을 지나면서 위기의 순간에 거짓말도 하고 속이기도 합니다. 이것을 어떻게 이해해야 합니까? 인간적인 관점에서 보면 다윗의 거짓말과 속임수는 어느 정도 이해될 수도 있습니다. 왜냐하면, 다윗은 도망자로서 생명이 위협받는 위급한 상황이었기 때문입니다.

어떤 사람들은 상황 윤리를 이야기하면서 그것은 크게 잘못이 아니라고 말하기도 합니다. 또한 다윗이 악의적으로 거짓말하지 않았습니다. 놉에서는 하나님의 뜻을 묻기 위해서 그곳을 갔는데 자신도 모르게 갑작스럽게 거짓말을 하지 않았나 생각합니다. 블레셋에서도 왕에게 망명을 요청하고자 했는데, 왕의 신하들이 자기를 알아보고 위협적으로 대하니까 자신도 모르게 거짓 행동을 한 것이 아닌가 생각합니다. 그렇다고 할지라도 믿음의 사람으로서 다윗의 행동은 정당화 될 수 없습니다. 이전에 골리앗을 무너뜨릴 때의 믿음이 이 상황들에서도 작동했더라면 결코 비굴하게 거짓말을 하거나 속이는 모습을 보여주지 않았을 것입니다.

오늘 본문을 보더라도 그에게 믿음이 온전히 작동되지 않은 것 같습니다. 본문 21:10, 12을 보면, 다윗은 두려워하였다고 하였습니다. 믿음이 작동되었더라면 결코 두려워하지 않았을 것입니다. 오늘 본문에서도 전적으로 그의 거짓말 때문은 아니지만 자신의 사건을 계기로 놉의 제사장들과 주민들이 죽음을 당한 것을 경험하면서 그것이 자신의 잘못 때문이었다고 고백합니다(22:22). 또한 가드에게 미친 척 한 다음에 쓴 시편 34:12-13에서 그는 너무도 분명하게 이렇게 기도합니다.

> 생명을 사모하고 연수를 사랑하여 복 받기를 원하는 사람이 누구뇨! 네 혀를 악에서 금하며 네 입술을 거짓말에서 금할지어다.

사랑하는 성도 여러분!

광야의 삶을 살 때 우리는 위기에 벗어나기 위해 또는 두려워하는 마음에서 신앙과 양심에 어긋난 모습을 보일 가능성이 아주 높습니다. 문제를 해결하기 위해 하나님께서 기뻐하시지 않는 인간적인 수단과 방법을 동원할 수도 있습니다. 다른 사람들을 통해서 비정상적인 로비나 편법의 유혹을 받을 수도 있습니다. 그리고 그 유혹에 넘어갈 가능성도 아주 많습니다. 여러분! 그렇지 않습니까? 그런데 다윗은 생명을 사랑하며 하나님의 복을 경험하기 원한다면 그렇게 하지 말고 권면합니다.

그러면 우리가 광야의 시간을 지나면서 특별히 다윗과 같이 거짓말을 하고 비굴한 모습을 보이지 않기 위해 어떻게 해야 합니까? 기도함으로 하나님께 의지하는 방법 외에 다른 방법이 없습니다. 왜냐하면 우리는 약하기 때문입니다. 하나님께서 기도를 통해 힘주시고 용기를 주시면, 우리도 위기와 두려움 가운데서 믿음의 삶을 살게 하셔서 하나님의 놀라운 은혜와 역사하심을 경험하게 될 줄 믿습니다.

억울하고 분통 터지는 일

또 한 가지 오늘 본문에서 다윗은 자신으로 말미암아 제사장 아히멜렉을 비롯해서 놉에 거주하는 제사장들과 주민들과 가축들이 몰살당하는 억울하고 분통터지는 일을 경험합니다. 이 사건이 우리에게 교훈해주는 것이 무엇입니까? 먼저 이 일은 예언의 성취였습니다. 앞에서 말씀드린 것처럼, 아히멜렉은 엘리 제사장의 증손자입니다. 하나님께서는 사무엘상 2:31-36에서 이미 그의 징계와 죽음에 대해서 말씀하셨습니다. 그렇지만 한 사람은 살아날 것이라고 말씀하셨는데 아비아달은 살아남아 그 말씀이 성취되었습니다. 하나님께서 악한 사람들을 통해서도 하나님의 일을 이루어 가시는 것을 보여주십니다.

그럼에도 불구하고 분명한 것은 다윗 편에서 보면 이 일은 너무도 억울하고 분통터지는 일이었습니다. 그렇다고 해서 맞대응으로 억울함을 해결할 수 있는 힘도 능력도 환경도 되지 않았습니다. 마찬가지로, 우리도 광야의 삶을 사는 과정에서, 광야의 삶을 사는 것 자체도 어려운데 설상가상으로 오늘 본문의 다윗이 경험한 것과 같은 억울하고 분통터지는 일들을 경험합니다. 그것은 광야의 어려움을 몇 배 증가시킵니다.

더욱 더 어려운 것은 오늘 본문의 다윗의 상황과 같이 억울하고 분통터지는 일을 당하면서도 같이 맞서서 해결할 수 있는 힘도 능력도 환경도 되지 않을 때입니다. 그야말로 속수무책입니다. 그 때 많은 사람들은 분을 삭이지 못해서 화병에 걸리기도 하고, 스트레스 때문에 잠을 이루지 못하기도 하고, 건강을 해치기도 합니다. 또는 억울한 일을 유발시킨 사람에게 원한을 품고 복수의 칼을 갈기도 합니다. 그런데 그러한 모든 미움과 복수심은 사실 뼈를 녹이는 일이고, 하나님께 결코 합당하지도 않습니다.

그러면 오늘 본문의 다윗처럼 억울한 일을 당할 때 우리가 할 일은 무엇입니까? 오늘 본문의 일을 당한 후에 다윗의 기도는 우리가 할 일을 제시합니다. 이 때 지은 시가 시편 52편인데요,

8-9절을 보겠습니다.

> 그러나 나는 하나님의 집에 있는 푸른 감람나무 같음이여 하나님의 인자하심을 영원히 의지하리로다 주께서 이를 행하셨으므로 내가 영원히 주께 감사하고 주의 이름이 선하시므로 주의 성도 앞에서 내가 주의 이름을 사모하리이다

다윗은 하나님을 의뢰함으로 기도하였습니다. 성경은 그 부분에 대해 구체적으로 기록하지는 않지만 하나님께서 능력으로 행하시는 것을 경험했다고 말씀하고 있습니다. 그도 처음에는 분노와 원통함이 있었지만 보통 사람들이 억울함을 당해서 경험하는 구덩이에는 빠지지 않았습니다. 주님을 의지하고 주님께 맡김으로 넉넉하게 극복하는 모습을 보여주었습니다. 물론 대처할 능력도 없는데 억울한 일을 당할 때 하나님께 맡기고 의연하게 대처하는 것이 결코 쉽지는 않습니다. 그러나 우리도 다윗처럼 전능하신 하나님을 믿고 하나님께 맡기면, 하나님의 은혜와 능력을 경험하게 될 줄 믿습니다.

말씀을 정리합니다.

오늘 본문은 다윗이 광야를 경험하면서 겪었던 일들을 기록하고 있습니다. 우리도 길고 짧음 그리고 크고 작음의 차이는 있다고 할지라도 예외 없이 다윗과 같이 광야를 경험하며 살아갑니다. 그 때 우리가 해야 할 가장 중요한 것은 하나님을 의지하면서 간절함 마음으로 기도하는 일입니다. 특별히 우리는 위기의 순간에 신앙이나 양심에 어긋나거나 인간적인 수단과 방법으로 위기를

넘기고자 하는 유혹에 빠지지 않도록 더욱 주님을 의지하면서 기도해야 합니다. 뿐만 아니라 전혀 대응할 수 없는 억울한 일을 당한다고 할지라도 하나님께 억울함을 쏟아내면서 믿음으로 승리하는 삶을 살아야 합니다. 이 은혜가 우리 모두에게 임하길 간절히 바랍니다.

사무엘상 23:1-29

쓰임새를 위해 맞춤으로

사무엘상 21-31장은 다윗이 왕 되기 전에 경험했던 광야 생활에 대해 기록하고 있습니다. 광야 생활은 다윗이 원했던 것도, 예상했던 것도 아니었습니다. 하나님께서 주도적이고 강권적으로 그를 광야로 내 모셨습니다. 우리는 다윗의 광야 생활을 통해 하나님께서 하나님의 사람을 쓰시기 전에 반드시 광야의 과정을 경험하게 하신다는 신앙의 원리를 다시 한 번 확인할 수 있습니다. 다윗은 더욱 간절하게 하나님을 의지하며 기도함으로 광야가 아니면 경험할 수 없는 하나님의 크고 깊은 은혜를 경험했습니다.

마찬가지로 하나님께서는 우리도 필요할 때 주도적으로 광야로 내 모십니다. 그 때 우리가 해야 할 가장 중요한 일은 더욱 간절하게 하나님을 의지하면서 하나님께 기도하는 것입니다. 우리도 그 과정을 통해 어느 때보다도 자주 그리고 깊이 하나님을 경험하게 됩니다. 그런데 광야 생활을 할 때 자주 패키지로 우리에게 다가 오는 것들이 있습니다. 하나는 위기의 순간을 거짓이나 속임수 또는 인간적인 수단과 방법으로 넘어가려고 하는 상황이나 유혹이 있을 수 있습니다. 그러나 생명을 사모하며 복을 얻기 원한다면 어떤 위기의 상황에서도 유혹에 넘어가지 않고 믿음과 양심을 지킬 수 있도록 기도해야 합니다. 또 한 가지 광야 생활을 하면서 우리는 억울하고 분통터지는 일들을 경험할 수 있습니다. 그 때 우리는 어떻게 해야 합니까? 억울함과 분함에 억눌려서 육체적 정신적으로 고통 받거나 인간적으로 대응히지 말고 억울힘과 분통함을 해결해 주시는 하나님을 신뢰하면서 하나님께 내어 놓아야 합니다.

여러 가지 일들을 경험케 하시는 하나님

오늘 본문은 다윗이 광야 생활을 하면서 경험했던 여러 가지 다양한 일들을 기록하고 있습니다. 1절입니다.

> 사람들이 다윗에게 전하여 이르되 보소서 블레셋 사람이 그일라를 쳐서 그 타작마당을 탈취하더이다 하니

이 사건은 다윗이 헤렛 수풀이라는 곳에 머물 때에 일어난 것 같습니다. 헤렛 수풀이 어디인지 정확하게 알지 못하지만, 그일라 지방 근처로 추정됩니다. 그일라 지방은 이스라엘 변방의 블레셋과 가까운 곳에 위치한 도시인데요, 다윗이 헤렛 수풀에 머물고 있을 때 블레셋 사람들이 그일라의 타작마당을 탈취했다는 소식을 들었습니다. 아마 블레셋은 상습적으로 그일라 사람들이 농사를 지어 추수한 것을 약탈하였던 것 같습니다.

그 소식을 듣고 다윗은 그일라를 도와주고 싶은 마음이 있어서 하나님께 물어봅니다. 하나님께서는 블레셋을 공격하여 그일라를

구원하라고 하십니다. 구약의 이스라엘은 오늘의 교회에 상응하기 때문에 당시 다윗이 자기 민족 그일라를 돕는 것은 오늘날 교회 안에서 어려움을 당한 사람들을 돕는 것과 동일하다고 할 수 있습니다. 하지만 그 때 다윗이 그일라를 돕는 것은 결코 쉽지 않은 일이었습니다. 무엇보다도 다윗은 도망자 신분이었습니다. 사울이 어떻게 해서든지 그를 찾아서 죽이려고 하고 있었는데, 만약 그일라를 도우면 자신의 위치가 발각될 것이 불을 보듯 뻔 했습니다. 뿐만 아니라 상식적으로 생각해도 다윗의 사람들은 군사적으로도 체계가 잡혀 있거나 그렇게 강하지 못했음이 분명합니다. 그래서 다윗의 사람들은 다윗의 결정에 동의하지 못합니다. 3절입니다.

> 다윗의 사람들이 그에게 이르되 보소서 우리가 유다에 있기도 두렵거든 하물며 그일라에 가서 블레셋 사람들의 군대를 치는 일이리이까 한지라

다윗은 다시 하나님께 물어봅니다. 하나님께서 다시 가라고 하십니다. 하나님께서 블레셋을 다윗에게 넘기시겠다고 하셨습니다. 다윗은 그를 따르는 사람들을 잘 설득해서 그들과 함께 블레셋을 공격하여 그일라를 구원했습니다.

그런데요, 그일라 사람 가운데 하나가 다윗이 그일라에 있다는 것을 사울에게 알려주었습니다. 참으로 배은망덕한 일이죠! 만약 사울이 현상금을 걸었다거나 수소문하여 찾았다고 할지라도 생명을 걸고 자신들을 도와주었던 다윗을 숨겨주는 것이 마땅합니다. 그러나 그 때 사울은 다윗이 그곳에 있는 것을 알지도 못했을 뿐 아니라 수소문해서 찾지도 않았습니다. 다윗을 신고하면 어떤 보

상이 주어질 것으로 생각했는지 아니면 나중에 다윗을 숨겨 준 것이 발각되어 큰 보복이 있을 것을 걱정했는지 모르지만 그 사람은 배은망덕하게 다윗이 숨어 있는 곳을 사울에게 몰래 알려주었습니다. 우리도 살다보면 종종 이와 같이 자신의 눈앞에 이익을 위해 배은망덕하거나 수단과 방법을 가리지 않는 사람들이 있는 것을 경험하지 않나요?

그 소식을 듣고 사울은 다윗을 잡으라고 명령합니다. 다윗은 제사장 아비아달에게 에봇을 가져오라고 해서 사울이 자신을 잡기 위해 올 것인지 하나님께 묻습니다. 하나님께서는 그럴 것이라고 말씀합니다. 그 사이에 다윗과 함께 한 사람들은 600명으로 늘었는데, 다윗은 그들과 함께 다시 십 광야로 도망합니다. 십 광야는 그릴라에서 남서쪽으로 약 20km 되는 곳이었습니다. 그 곳에서 요나단이 다윗을 깜짝 방문합니다. 어떻게 다윗의 거처를 알았는지 모르지만, 요나단이 다윗을 찾아와서 만나는 것은 결코 쉽지 않은 일이었습니다. 그것은 어쩌면 자신의 생명을 내 건 일이었습니다. 요나단은 다윗이 반드시 왕이 될 것이라고 위로와 격려의 말을 하고 떠납니다.

19-20절을 보면, 십 사람들이 또 다시 사울에게 다윗이 그곳에 있다고 보고합니다. 사울은 그 사실을 듣자 하나님의 이름으로 그들을 칭찬합니다. 21절입니다.

> 사울이 이르되 너희가 나를 긍휼히 여겼으니 여호와께 복 받기를 원하노라

이것은 악한 일을 하는 사람들의 특징 가운데 하나입니다. 많은 경우 악한 일을 하는 사람들은 자신이 악한 일을 하고 있다고 생각지 않습니다. 신앙과 양심이 무너진 사람들입니다. 사울의 군사들이 다윗을 잡으려고 십 광야로 오게 됩니다. 다윗은 그것을 알고 다시 마온 광야로 피신합니다. 사울의 군사들이 그곳까지 추격해 옵니다. 다윗은 두려워하면서 사울의 군사들을 피하려고 하였지만 피하지 못하고 사울의 군대에 에워싸이게 됩니다. 이 때 마침 전령이 사울에게 와서 블레셋 사람들이 공격하러 왔다는 말을 전하자 사울은 다윗을 포기하고 급히 돌아가게 됩니다. 하나님께서 절체절명의 위기의 순간에 극적으로 역사하심으로 다윗은 구사일생으로 살게 됩니다. 다윗은 거기를 떠나 엔게디 요새로 가게 됩니다. 엔게디는 예루살렘에서 남동쪽으로 약 60km 떨어진 곳입니다.

쓰임새에 따라 맞춤으로

지금까지 살펴본 대로, 23장은 그렇게 길지는 않지만 다윗이 광야의 과정을 지나면서 경험한 여러 가지 일들을 기록하고 있습니다. 오늘 본문 전체를 통해 하나님께서 우리에게 알려주시는 아주 중요한 신앙의 원리가 있습니다. 그것은 하나님께서 다윗에게 미래의 쓰임새에 맞게 '맞춤'으로 광야 훈련을 시키셨다는 것입니다.

우리가 계속 보는 대로, 다윗은 앞으로 왕이 되어 이스라엘 나라를 다스릴 사람이었습니다. 그렇기 때문에 하나님께서는 다른 사람들과는 달리 다윗 혼자 광야의 기간을 보내도록 하지 않았습니다. 대신 환란을 당하고 빚지고 마음이 원통한 사람들 600명을 그에게 몰려오게 하셨고, 그들의 지도자로 광야의 과정을 지나게 하셨습니다. 성경에는 구체적으로 언급되지 않았지만, 다윗은 600명과 함께 그것도 보통 평범한 사람들도 아니고 환란을 당한 자, 빚진 자, 마음이 원통한 자들과 함께 광야의 과정을 거치면서 말로 다 표현할 수 없는 어려움을 겪었을 것이 분명합니다. 여러분, 대개 어려운 상황에 있거나 상처 받은 사람들은 자격지심 때문에 쉽게 오해하고, 쉽게 화를 냅니다. 조그만 수가 틀려도 극단적인 행동을 하기도 합니다. 한 예로, 나중에 시글락에 살 때 자신의 가족들이 어려움을 당하자 그들은 다윗을 돌로 치려고까지 했었습니다(30장). 그들은 또한 서로 간에 융합이 잘 안 되어 많은 다툼과 분쟁도 있었을 것이 분명합니다. 다윗은 지도자로서 그들과 생활하면서 때로는 시행착오도 겪었을 것이고, 때로는 욕도 많이 먹었을 것이고, 때로는 오해도 받았을 것입니다. 그러한 일들을 경험하면서 종종 모든 것을 포기하고 싶은 마음도 있었을 것입니다. 하지만 그러한 모든 과정들을 거치면서 다윗은 장차 지도자로서의 자질을 갖추어 갔을 것입니다.

더욱 놀랄만한 것이 있습니다. 사무엘하 23장을 보면, 그렇게 거칠고 오합지졸과 같은 사람들이 나중에 다윗이 왕이 되어 나라를 세우고 융성케 될 때 주춧돌 역할을 감당하게 되었다는 것입니다. 하나님께서는 다윗에게 용병술과 사람들을 세워가는 훈련까지 시키셨던 것입니다(참고. 삼하 23:14-17; 대상 11:10).

그러면 하나님께서 왜 이렇게 다윗을 독특하고 특별하게 광야의 과정을 지나게 하셨습니까? 그것은 다윗이 미래의 이스라엘 왕으로 기름부음을 받은 자였기 때문이었습니다. 하나님께서는 다윗이 왕으로서 역할과 사명을 잘 감당할 수 있도록 그 쓰임새에 맞게 '맞춤 광야 훈련'을 시키셨던 것입니다.

사랑하는 성도 여러분!
지난주에 말씀드린 것처럼 하나님께서는 훈련의 과정으로 우리에게 광야의 삶을 살게 하십니다. 그런데 하나님께서는 모든 사람을 똑같은 내용과 강도와 기간으로 광야의 시간을 보내게 하신 것이 아니라 각자 각자의 쓰임새에 맞추어서 맞춤으로 광야의 훈련을 받게 하시는 줄 믿습니다. 신앙생활을 하면서 우리 모두가 공통으로 받을 훈련도 있고요, 우리의 신앙과 삶과 사역을 위해 특별히 받아야 할 훈련도 있습니다. 저는 운동 경기 보는 것을 좋아하는데요, 야구의 예를 들어보겠습니다. 여러분, 모든 야구 선수들이 똑같은 훈련을 받습니까? 그렇지 않습니다. 물론 투수나 야수나 타자가 공통적으로 받아야 할 훈련이 있습니다. 그런데 선수 각자의 포지션과 역할을 위해 받아야 할 특별한 훈련이 있습니다. 우리 신앙생활도 마찬가지입니다. 하나님께서는 우리를 막연하게 광야로 내 모시는 것이 아니라 구체적이고 특별한 의도와 목적을 가지고 쓰임새에 맞게 맞춤으로 광야의 과정을 경험하게 하신다는 것입니다.

제가 언젠가 신앙생활을 할 때 일반화의 오류를 범하지 말아야 한다고 말씀드렸습니다. 다시 말해, 하나님께서는 우리 모두를 항상 똑같이 대하시지 않고, 우리의 상황과 여건에 따라 다르게 대하실 수도 있다는 것입니다. 예를 들어, 두 사람이 똑같은 간절함으로 똑같은 기간 동안 기도한다고 할지라도 반드시 똑같은 기도 응답을 받지 않습니다. 하나님께서는 각자의 신앙이나 사정에 따라 다른 시간과 방법으로 응답하실 수 있습니다.

광야의 과성도 마찬가지입니다. 좀 포괄적으로 말씀드리면, 저와 같은 목사에게 필요한 특별한 훈련이 있고, 선교사로 부름 받았으면 그에 맞는 훈련이 있고, 평신도로 섬긴다면 그에 맞는 훈련이 있습니다. 뿐만 아니라, 같은 평신도라도 각 사람의 사정과 형편에 따라 하나님께서는 각자 각자에게 다른 과정과 정도로 광야를 경험하게 하십니다. 어떤 사람은 병으로, 어떤 사람은 가정의 문제로, 어떤 사람은 재정적인 문제로, 어떤 사람은 자녀들 때문에, 어떤 사람은 직장 문제로 광야의 시간을 보내게 하십니다. 어떤 사람은 더 길고 어렵게 광야를 경험하게 하시고 어떤 사람은 상대적으로 짧고 덜 힘들게 광야를 경험하게도 하십니다.

그런데 우리가 광야를 경험할 때 자주 실수하고 오해하는 것이 있습니다. 그것은 다른 사람과 자신을 비교하는 것입니다. 그리고 자신이 가장 어렵고 힘든 광야의 과정에 있다고 생각합니다. 광야의 과정을 지나고 있는 분들을 만나보면 종종 "왜? 나만?" 또는 "왜? 나에게는?"이라고 반문하는 경우가 있습니다. 지난 주간에 젊은 나이에 꽤 규모 있는 교회의 담임 목사가 된 제자 한 사람을 만났습니다. 몇 년 동안 교회의 여러 가지 일 때문에 힘들어하고 있었는데, 자신과 다른 목회자들과 비교하는 것을 들었습니다. 제가 다윗의 이야기를 해 주면서 많이 격려해 주었습니다. 왜냐하면 저도 사실 청년 시절 광야를 경험할 때는 다른 사람들과 비교하면서 많이 힘들어했으니까 그 심정을 알거든요.

사랑하는 성도 여러분,
하나님께서 우리에게 광야를 경험하게 하실 때 그 때 하나님의 뜻과 섭리를 깨달을 때도 있지만 그렇지 못할 때가 훨씬 더 많습니다. 그러나 분명한 것은 우리가 하나님의 뜻을 다 알 수는 없지만 하나님께서는 우리의 쓰임새를 위한 맞춤으로 광야의 과정을 경험하게 하신다는 것입니다. 결코 쉽지 않지만 만약 자신의 광야의 과정이 다른 사람보다 더 길고 더 혹독하다면 오히려 기뻐하고 감사해야 합니다. 왜 그렇습니까? 골짜기가 깊으면 그만큼 맑은 물이 있고 그만큼 높은 산이 기다리고 있기 때문입니다. 저는 참으로 안타깝게 생각되는 심각한 어려움 가운데 있는 제자들이나 교인들에게 꼭 이렇게 이야기합니다. "지금은 힘들고 어렵지만 나중에 지금 이 시간을 감사할 날이 분명히 올 것입니다." 그것은 단순한 입에 발린 위로의 말이 아닙니다. 제가 그렇게 이야기하는 것은 쓰임새를 위해 맞춤으로 광야의 과정을 경험하게 하시는 하나님을 분명히 믿기 때문입니다. 하나님께서 우리를 쓰임새에 맞게 맞춤으로 광야의 과정을 경험케 하신다는 믿음이 있으면, 우리는 광야 생활을 감사함과 넉넉함과 평안함으로 지나게 될 줄 믿습니다. 우리 모두에게 이 믿음이 있기를 바랍니다.

여기에서 질문 하나 하겠습니다. 오늘 본문은 지도자로서 다윗을 위한 맞춤 광야 훈련에 관한 것이니까 우리와는 상관없나요? 결코 그렇지 않습니다. 하나님께서는 왕으로서 다윗을 위한 맞춤 훈련을 시키셨지만, 이 말씀은 디모데후서 3:16에서 말씀하는 대로 우리 모두에게 교훈과 책망과 바르게 함과 의로 교육하기에 유익한 줄 믿습니다. 이제 좀 더 구체적으로 하나님께서 미래의 지도자로서 다윗을 어떻게 훈련시키셨는지를 살펴보면서 우리에게 수시는 교훈을 찾아보겠습니다.

개인적인 신앙의 성장과 성숙을 위해

무엇보다도, 다윗은 광야의 기간 동안에 개인적인 신앙의 성장과 성숙이 이루어졌습니다. 미래의 왕으로서 다윗의 진정한 광야 훈련은 아둘람 굴에서부터 시작되었다고 할 수 있습니다. 시편 가운데 표제어에 다윗이 아둘람 굴에 있을 때 지은 시라고 구체적으로 명시된 시는 두 개 인데요, 그것은 시 142편과 57편입니다. 이 두 시의 내용과 분위기는 많은 차이가 있습니다. 시 142편은 거의 대부분이 좌절과 낙심과 탄식으로 구성되어 있습니다. 그런데 시 57편으로 가면 신앙이 많이 회복되고 하나님에 대한 신뢰와 결단이 있는 것이 드러납니다. 이것은 무엇을 말씀하는 겁니까? 다윗이 아둘람 굴에서 처음에는 많이 좌절하고 힘들어 했지만, 하나님을 의지함으로 점차 그 극한 상황을 극복하게 되었음을 보여 줍니다. 거기에 그치지 않았습니다. 특별히 오늘 본문에서 다윗은 그일라 사람들을 구하는 일을 합니다. 앞에서도 말씀드린 것처럼, 인간적인 관점에서 보면, 그 일은 도망자로서 절대 하지 말아야 할 극히 무모한 일이었습니다. 도망자로서 자신이 처한 상황이나 그 일의 결과를 생각하면 그 일은 결코 해서는 안 될 일이었습니다. 하지만 다윗은 자신의 상황이나 결과를 초월해서 그일라를 구하라고 하는 하나님의 명령에 순종하였습니다.

정리하면, 다윗은 처음에는 자신도 추스를 수 없어 비틀거렸지만 광야 생활을 거치면서 자신의 상황, 유불리 그리고 일의 결과까지도 초월하는 놀라운 믿음의 성장을 이루었습니다. 물론 광야 생활 전에도 다윗은 골리앗을 무너뜨릴 정도로 위대한 믿음의 사람이었지만, 광야 생활의 극한 좌절과 한계를 극복하면서 다윗은 이전보다도 훨씬 더 성숙한 믿음의 사람이 되었던 것입니다.

사랑하는 여러분!
지도자에게 무엇보다도 중요하게 요구되는 것은 지도자 자신의 믿음과 인격의 성숙입니다. 자신이 성숙되지 않고 본이 되지 않으면 지도자로서 역할을 감당할 수 없습니다. 지도자의 신앙과 인격의 부족함 또는 미성숙함은 공동체 전체에 해를 가져오지 않을 수 없습니다. 지도자의 수준이 또한 공동체의 수준입니다. 공동체를 위해서 지도자의 믿음과 인격의 성숙이 얼마나 중요한 지는 이스라엘 역사를 통해 그리고 오늘날 교회를 통해 쉽게 알 수 있습니다. 지도자 자신의 믿음과 인격의 성숙이 공동체 전체를 위해 너무도 중요하기 때문에 하나님께서는 다윗을 광야로 내몰고 훈련시키신 것입니다.

그런데요, 지도자만 영적 성숙이 필요합니까? 결코 그렇지 않습니다. 우리 모두에게도 영적 성장과 성숙이 필요합니다. 저는 사도 바울이 디모데에게 권면한 말씀 가운데 "너의 진보를 모든 사람에게 알게 하라!"는 말씀을 늘 기억합니다. 그 말씀은 저의 중요한 기도의 제목 가운데 하나입니다. 물론 우리 가운데 영적으로 진보되어야 할 부분이 많은데요, 오늘 본문이 우리의 믿음의 성숙과 관련하여 교훈하는 것은, 다윗이 그일라를 구할 때 보여주었던 것처럼, 상황과 결과를 고려하지 않는 순종입니다.

물론 이 말은 무대포로 순종하라는 것은 아닙니다. 다윗은 결코 무대포로 순종하지 않았습니다. 먼저 그는 하나님께 물었습니다. 사람들의 반대에 부딪치자 재차 하나님께 물었습니다. 그리고 그것이 너무도 분명한 주님의 뜻임을 알았기에 그는 상황이나 결과를 고려하지 않고 순종한 것입니다. 우리도 마찬가지입니다. 상황과 결과를 고려하지 않고 순종할 때 사람들의 반대가 있을 수 있습니다. 그러면 또 다시 하나님께 물어야 합니다. 가능하다면 지도자(목회자)들에게도 물어보아야 합니다. 왜냐하면, 우리 신앙이 자칫 주관적 착각이나 오류에 빠질 수도 있기 때문입니다. 그러한 과정을 거쳐서 하나님의 뜻을 분명히 깨달으면 우리는 상황이나 결과를 초월한 순종의 삶을 살아야 할 줄 믿습니다.

우리 가운데 아시는 분이 많을 것이라고 생각되는 데요. 찰스 콜슨이라는 사람이 있습니다. 그 분은 닉슨 대통령의 워터게이트 사건에 연루되어 수감 생활하면서 예수를 믿었고, 지금은 미국의 가장 영향력 있는 작가가 된 분입니다. 그 분의 〈러빙 갓〉이라는 책을 보면, 하나님이 요구하시는 순종의 본질과 핵심은 바로 이처럼 상황이나 결과를 고려하지 않는 것이라고 말합니다. 성경과 인류 역사에서 위대한 믿음의 사람들이 다 그렇게 살았다는 것입니다. 그러면서 그렇게 순종했던 사람의 예로 윌리엄 윌버포스와 허드슨 테일러를 소개합니다. 윌버포스는 영국의 노예제도 폐지를 위해 생명을 바친 사람이고, 허드슨 테일러는 중국 선교의 아버지라고 불리어지는 분입니다. 그들이 그러한 일들을 하고자 할 때는 상황을 보거나 결과를 예측할 때 결코 가능한 일이 아니었습니다. 윌버포스가 노예제도 폐지를 주장할 때 그럴 상황도 아니었고 그 일이 가능할 것이라고 생각하는 사람은 없었습니다. 그러나 그 일은 이루어졌습니다. 또한 허드슨 테일러가 중국 선교를 시작할 때 오늘날과 같은 놀라운 부흥이 있을 것이라고는 어느 누구도 생각지 못했습니다. 그 분들의 모든 상황과 결과를 초월한 순종으로 말미암아 인류 역사에 위대한 변화와 놀라운 복음의 진보가 일어났다는 것입니다.

사랑하는 성도 여러분, 하나님께서 귀하게 쓰셨던 다윗이나 위대한 믿음의 사람들이 경험하는 은혜, 저는 이것을 '지도자급의 은혜'라고 표현하고 싶은데요, 그 '지도자급의 은혜'를 경험하길 원하시나요? '지도자급의 은혜'라는 말은 처음 들어보시죠? 그냥 하나님께서 귀하게 쓰셨던 사람들이 경험하는 최고의 은혜를 여러분들이 쉽게 기억하기 위해서 제가 만든 말입니다. 이 땅을 살아가면서 이왕이면 우리도 그런 큰 은혜를 경험해야 되지 않겠습니까? 그렇다면 때로는 상황이 되지 않아도, 때로는 어려운 결과가 너무도 분명히 예견된다고 할지라도 주님의 뜻이면 믿음으로 순종하는 모습이 있어야 될 줄 믿습니다. 물론 당장 어떤 결과가 나오지 않을 수도 있습니다. 오늘 본문의 다윗처럼 다시 도망가는 어려움을 당할 수도 있습니다. 그러나 상황과 결과를 초월한 순종의 삶을 살 때 다윗이 경험한 그리고 인류 역사에 위대한 발자취를 남긴 믿음의 사람들이 경험한 그 은혜와 복을 우리도 경험하게 될 줄 믿습니다.

어렵고 힘든 자들에게 관심을 갖도록

다음으로, 하나님께서는 다윗에게 환란을 당한 자, 빚진 자 그리고 마음에 원통한 일을 당한 자들을 붙여주셨습니다. 그들과 숙식하며 동고동락하게 하셨습니다. 왜 그렇습니까? 마음의 아픔과 상처가 있는 자, 어려움을 당한 자들과 함께 하며 그들을 위로하고 격려하며 세워가는 것이 지도자로서 반드시 경험해야 할 중요한 부분이기 때문입니다.

그런데 마음의 상처가 있거나 어려움을 당한 사람들을 위로하고 격려하며 세워주는 것이 지도자들에게만 필요합니까? 결코 그렇지 않습니다. 우리 모두에게도 필요합니다. 성경의 큰 명령 가운데 하나가 고아와 과부를 돕는 것입니다. 고아와 과부는 마음의 상처가 있거나 어려움 가운데 있는 분들의 대표입니다. 그러한 분들은 항상 우리 곁에 있습니다.

특별히 오늘날 우리 사회는 어떻습니까? 많은 사람들이 자신의 현실적인 유익을 위해서 지극히 계산적인 삶을 살고 있습니다. 오늘 본문에서 사울에게 다윗을 밀고한 그일라의 사람과 같습니다. 또한 오늘날 우리 사회에 대표적인 유행어 가운데 하나가 갑질이라는 단어입니다. 매스컴을 통해 우리는 우리가 이해할 수 없는 소위 갑질을 행사하는 사람들을 보게 됩니다. 이러한 각박한 상황에서 저는 우리 교회 홈 페이지를 보면 감동도 되고 마음도 따뜻해집니다. 여러분들도 그렇죠?

사실 지난 해 하나님께서 저를 광야로 내모시면서 저에게 여러 가지 결단과 결심을 시키셨는데요, 그 중에 첫 번째가 힘들고 어려움 가운데 있는 분들에게 힘과 위로와 용기를 주는 자가 되자는 것이었습니다. 저는 우리 모두가 하나님께서 우리 주변에 허락하신 상처받고 억울한 일을 당하고 힘들어 하는 분들에게 조금이라도 힘이 되고 도움이 되는 삶을 살 수 있기 원합니다. 또한 우리 모두가 우리 주변에 을의 위치에 있는 사람들을 챙기고 돕고 그들의 의지가 되는 사람이 되기를 소원합니다.

오늘 본문을 보면 우리에게 크게 감동이 되고 도전이 되는 장면이 있습니다. 그것이 어떤 장면이죠? 요나단이 다윗을 격려하고 위로하고 힘을 넣어주는 장면입니다. 그것은 결코 쉬운 일이 아닙니다. 앞에서 말씀드린 것처럼, 요나단은 발각되면 큰 어려움이 예상되는 상황에서도 자신의 희생을 각오하고 어려움 가운데서 도망다니는 다윗을 격려하고 위로했습니다. 다윗은 평생 이 장면을 잊지 못했을 것이고, 또한 그런 삶을 살기로 결단하였을 것입니다.

제가 주변을 둘러보면 하나님의 큰 은혜와 복을 지도자급으로 경험한 사람들의 여러 가지 특징이 있는데요, 그것은 그분들이 상황이나 형편이 넉넉해진 후에 어렵고 힘든 자들에게 관심을 갖고 도운 것이 아니라 자신들의 상황이나 형편이 넉넉하지 못해도 자기가 처한 상황에서 할 수 있는 대로 최선을 다해 어려움 가운데 있는 분들을 돕고 관심을 가졌다는 것입니다. 우리 교회와 조 목사님도 그 가운데 한 예가 아닐까 생각합니다. 조 목사님도 교회를 개척하시면서 30%이상 선교와 구제에 쓸 것을 결정하면서 그것을 실천하셨던 것은 우리 모두가 알고 있습니다.

저는 우리 모두가 지도자급의 은혜를 받기 원합니다. 그렇다면 상황과 결과를 초월하는 순종의 삶을 살 뿐 아니라, 여유가 있고 상황과 환경이 좋을 때 뿐 아니라 요나단처럼 모든 상황에서 비록 내가 힘들고 어려워도 내가 할 수 있는 대로 최선을 다해 위로와 도움이 필요한 사람들에게 위로와 격려와 힘이 되는 삶을 살아야 될 줄 믿습니다.

미래의 지도자로서 권위를 세워주기 위해

마지막으로, 하나님께서는 광야에서 미래의 지도자로서 다윗의 권위를 세워주셨습니다. 오늘 본문을 보면, 다윗이 그일라를 구하고자 할 때 처음에 사람들이 반대하였는데, 다윗이 그들을 설득해서 전쟁을 했습니다. 만약 그 전쟁에서 실패했다면 그들이 다윗을 얼마나 원망했겠습니까? 또한 그 이후에는 다윗의 어떤 말도 순종하지 않았을 것입니다. 그런데 하나님께서 다윗에게 승리를 주심으로 그의 권위를 세워주셨습니다. 또한 14절에 보면 계속 광야 생활을 하면서 하나님의 도우심과 함께 하심을 경험하게 하였습니다. 특히 마온 광야에서는 하나님께서 역사하심으로 진퇴양난의 위기에서 벗어나는 것을 경험했습니다. 여러 차례 다윗을 따르는 사람들이 하나님께서 다윗과 함께 하시고 놀랍게 역사하시는 것을 보게 하심으로 지도자로서 그의 권위를 세워주신 것입니다. 이것이 하나님께서 항상 지도자를 세우시는 방법입니다. 모세도 그랬고, 여호수아도 그랬고, 사무엘도 그랬습니다.

그런데요, 하나님께서 세워주시는 권위가 지도자에게만 필요합니까? 결코 그렇지 않습니다. 우리 모두에게도 가정과 직장과 이웃 사람들 사이에서 하나님께서 세워주시는 하나님의 자녀로서의 권위, 그리고 성도로서의 권위가 필요합니다.

우리는 오늘날 한국 교회와 성도의 권위가 많이 떨어져 있는 것을 부인할 수 없습니다. "교회가 왜 그래," "목사가 왜 그래," "장로가 왜 그래," "교회 집사가 왜 그래" 라는 말을 주변에서 자주 듣습니다. 하나님께서 권위를 세워주신다는 것은 쉽게 이야기하면 올 해 우리 교회에게 주신 말씀인 칭찬과 명성을 얻게 하는 것을 의미합니다. 저는 우리 모두가 가정과 직장과 이웃 사람들에게 하나님의 자녀로서 칭찬과 명성을 얻기를 참으로 간절히 바랍니다.

그러면 어떻게 해야만 권위가 세워질 수 있습니까? 어떻게 하면 가정과 직장과 이웃 사람들에게 칭찬과 명성을 얻게 될 수 있습니까? 물론 하나님께서 은혜로 주시지만 우리에게도 할 일이 있습니다.

오늘 본문에서 하나님께서는 크게 세 가지를 말씀합니다. 먼저 다윗과 같이 상황과 결과를 초월해서 순종함으로 하나님의 함께 하심을 경험할 때 권위가 세워질 수 있습니다. 두 번째로, 이기주

의와 갑질이 횡횡하는 이 사회에서 연약하고 힘들고 상처 입은 사람의 편에 서서 그들을 격려하고 세워주는 구별된 삶을 통해 권위가 세워질 수 있습니다. 마지막으로 도저히 불가능한 상황에서 하나님의 인도하심과 능력이 나타날 때 권위가 세워지고 칭찬과 명성을 얻게 될 줄 믿습니다. 이 은혜가 우리 모두에게 임하기를 간절히 바랍니다.

말씀을 맺겠습니다.

오늘 본문은 미래의 왕으로서 다윗을 하나님께서는 쓰임새를 위한 맞춤으로 광야의 과정을 지나게 하신 것을 말씀하고 있습니다. 그것은 우리에게도 적용됩니다. 하나님께서 어떤 코스로 광야의 과정을 걷게 하시든지, 우리는 그것이 우리의 쓰임새에 맞는 맞춤으로 주신 과정임을 믿고 기쁨과 감사함으로 광야의 과정을 지내야 합니다. 뿐만 아니라 오늘 본문은 우리가 다윗과 같은 지도자급의 은혜와 복을 경험하기 위해 몇 가지를 명령합니다. 먼저, 상황과 결과를 초월한 순종의 삶을 명령합니다. 또한 갑질이 횡횡하는 이 사회에서 연약하고 힘들고 상처 입은 사람들을 격려하고 세워주는 삶을 살 것을 교훈합니다. 마지막으로 도저히 불가능한 상황에서 하나님의 능력을 경험함으로 이 땅에서 권위 있는 자로 그리고 칭찬과 명성을 얻는 자로 살기를 교훈합니다. 우리 모두 그렇게 살 수 있기를 축원합니다.

사무엘상 24-26장(24:1-15; 25:32-38)
신앙과 삶의 양면성

우리는 계속해서 다윗이 왕이 되기 전 경험했던 광야의 과정을 살펴보고 있습니다. 다윗의 광야에서의 과정이 우리에게 주는 교훈이 많은데요, 사무엘상 23장을 통해 하나님께서는 쓰임새에 따라 맞춤으로 광야의 과정을 걷게 하심을 우리에게 교훈하십니다. 다시 말해, 하나님께서 그저 막연하게 우리를 광야로 내 모시는 것이 아니라 미래의 쓰임새에 따라 특별한 의도와 목적을 가지고 맞춤 광야 생활을 하게 하신다는 것입니다. 다윗은 왕으로 부르심을 받았기 때문에 그 부르심에 맞춰 광야의 훈련을 받게 하셨습니다. 우리도 마찬가지입니다. 하나님께서 우리에게 어떤 코스의 광야의 과정을 걷게 하신다고 할지라도, 그것이 우리의 쓰임새를 위해 맞춤으로 주신 과정임을 믿고 감사함으로 광야의 과정을 지내야 할 것입니다. 또한 23장을 통해 다윗과 같은 지도자급의 은혜와 복을 경험하기 위해 우리에게 요구하는 것이 있음을 보았습니다. 먼저는 상황과 결과를 초월하는 순종의 삶입니다. 다음은 우리가 할 수 있는 범위 안에서 최선을 다해 힘들고 상처 입은 사람들을 격려하고 세워주는 삶입니다. 그리고 23장을 통해 하나님께서는 도저히 불가능한 상황에서 하나님의 능력을 경험케 하심으로 다윗의 권위를 세워주심을 보았습니다. 우리 모두도 그러한 은혜를 경험함으로 이 땅에서 권위 있는 자로 다시 말해 칭찬과 명성을 얻는 자로 살 수 있기를 간절히 소원합니다.

마온 광야에서 사울을 대면함

오늘 본문은 24-26장입니다. 우리가 잘 알고 있는 내용입니다. 1절입니다.

> 사울이 블레셋 사람을 쫓다가 돌아오매 어떤 사람이 그에게 말하여 이르되 보소서 다윗이 엔게디 광야에 있더이다 하니

사울은 마온 광야에서 다윗을 잡을 수 있는 좋은 기회를 얻었는데, 하나님께서 블레셋으로 하여금 이스라엘을 침공케 하심으로 거기에서 퇴각케 하셨습니다. 다윗은 사해 근처에 있는 엔게디 광야(Ein gedi: 히브리어로 새끼염소의 샘이라는 뜻을 가지고 있다)로 도망하였습니다. 그 곳에서도 어떤 사람이 다윗이 거기에 오게 된 사실을 사울에게 알려주었습니다. 아마 사울이 다윗을 죽이기 위해 혈안이 되어 온 나라에 다윗을 발견하면 신고하라고 명령을 한 것 같습니다. 사울은 그 정보를 듣고 3,000명의 군사들과 함께 다시 엔게디 광야로 갔습니다.

다윗을 추격하는 과정에서 사울이 용변을 보기 위해 굴로 들어 갔습니다(3절). 그 곳은 마침 다윗과 그를 따르는 사람들이 머물고 있던 곳이었습니다. 그 때 다윗의 사람들은 하나님께서 원수를

붙여주셨다고 하면서 사울을 죽이고자 했습니다(4절). 하나님께서 그들에게 그런 말씀을 하신 적이 없는데, 그들은 다윗을 설득하기 위해 하나님의 이름을 이용하였던 것입니다. 그렇지만 다윗은 하나님이 기름 부은 종을 죽이는 것이 하나님께 합당치 않다고 하면서 그냥 사울의 겉 옷 자락만 가만히 베었습니다(5-7절). 다윗이 사울의 겉옷을 벨 수 있었던 것은 사울이 용변을 보기 위해 옷과 짐을 내려놓고 옷과 짐으로부터 멀리 들어갔거나, 용변 후에 잠깐 잠이 들었기 때문에 가능했다고 생각합니다. 물론 하나님께서 그러한 상황을 만드신 것입니다. 다윗은 사울의 옷자락을 베는 것조차도 마음에 부담을 느꼈습니다. 그 후에 굴에서 나가 사울에게 외쳤습니다. 자신과 자신의 부하들이 사울을 해칠 수 있었지만 그렇게 하지 않았다고 합니다. 그러면서 자신이 왕을 해하려고 한다는 것은 거짓말이며, 재판장 되시는 하나님께서 자신의 억울함을 풀어주실 것이라고 말합니다.

다윗의 진심어린 말을 듣고 사울은 큰 감동을 받고 울면서 자신의 잘못을 고백합니다. 제정신이 아닌 사울이었지만 죽일 기회가 있었음에도 불구하고 충정과 관대한 모습을 보인 다윗에게 감동되지 않을 수 없었습니다. 물론 그것은 오래가지 않았습니다. 뿐만 아니라 다윗이 왕 될 것도 인정하면서 나중에 왕위에 오르면 자기 자손들을 잘 봐달라고 요청까지 합니다. 다윗이 그것을 맹세하자 사울은 다윗 잡는 것을 그만두고 퇴각하게 됩니다.

아비가일과의 만남

25장에는 사무엘의 죽음 기사가 기록되어 있고, 다윗과 관련된 것은 마온이라는 곳에서 일어난 일이 기록되어 있습니다. 그곳에는 아름답고 총명한 부인 아비가일과 부자였지만 완고하고 악한 남편 나발이 있었습니다. 3절입니다.

> 그 사람의 이름은 나발이요 그의 아내의 이름은 아비가일이라 그 여자는 총명하고 용모가 아름다우나 남자는 완고하고 행실이 악하며 그는 갈렙 족속이었더라

시기는 양털을 깎을 때였습니다. 당시 양털을 깎을 때는 추수하는 날과 같이 큰 잔치를 벌이는 날이었습니다. 주변의 가난하고 어려운 사람들을 불러서 함께 먹으면서 기쁨과 감사를 나누는 것이 관례였습니다. 그 뿐 아니라 다윗과 그의 용사들이 나발의 양떼를 돌보아 주고 있었습니다(6-8, 15-16절). 당시에 다른 사람들의 가축을 돌봐주거나 다른 사람들을 보호해 주면서 얻은 삯으로 생계를 유지하는 사람들이 있었는데, 다윗과 그의 사람들은 그렇게 살았던 것 같습니다. 나발도 그들의 도움을 받고 살았기 때문에 다윗은 사람들을 보내어 그 일의 삯을 원했는데, 나발은 다윗을 무시하고 경멸하며 그 요구를 거절합니다. 다윗의 자존심이 많이 상했습니다. 그것은 율법을 어기는 일이기도 했습니다. 그는 부자로서 주변의 가난한 사람을 돌볼 의무가 있었고, 품삯을 제대로 주어야 할 의무가 있었는데 그 의무를 감당하지 않았던 것입니다. 다윗은 분노하면서 평정심과 자제력을 잃어버리고, 군사를 이끌고 나발을 보복하고자 합니다.

그 때 나발의 하인 한 사람이 그의 아내 아비가일에게 그 사실

을 알려줍니다. 그 하인의 말을 듣고 아비가일이 급히 떡과 포도주와 양과 곡식과 과일들을 가지고 다윗에게 나아가(18-20절), 무릎을 꿇고 사죄합니다. 그녀는 다윗이 나중에 왕이 될 것도 알고 있었습니다. 그녀는 보복자(심판자)는 하나님이심을 거듭 이야기하면서, 보복은 나중에 왕이 될 때 나쁜 이력이 될 것이라고 호소합니다(26, 30-31절). 그녀의 설득력 있고 지혜로운 호소에 다윗은 자신의 잘못을 인정합니다(32-35절). 그 일이 있은 지 10일 후에 하나님께서 치시므로 나발이 죽습니다(38절). 그 때 다윗은 자신이 악한 일에 직접 대응하지 않고 하나님께서 그의 악을 따라 처리해 주었음을 감사하며 찬송합니다. 39절입니다.

> 나발이 죽었다 함을 다윗이 듣고 이르되 나발에게 당한 나의 모욕을 갚아 주사 종으로 악한 일을 하지 않게 하신 여호와를 찬송할지로다 여호와께서 나발의 악행을 그의 머리에 돌리셨도다 하니라 다윗이 아비가일을 자기 아내로 삼으려고 사람을 보내어 그에게 말하게 하매

남편이 죽은 다음에 아비가일은 나중에 압논의 어머니가 된 아히노암과 함께 다윗의 아내가 됩니다.

십 광야에서 사울을 대면함

26장은 24장과 비슷한 이야기가 기록되어 있습니다. 1절입니다.

> 십 사람이 기브아에 와서 사울에게 말하여 이르되 다윗이 광야 앞 하길라 산에 숨지 아니하였나이까 하매

십 사람이 사울에게 다윗이 광야 앞 하길라 산에 숨어 있는 것을 알려줍니다. 사울은 다시 삼천 명을 데리고 다윗을 잡으려고 출격합니다. 다윗은 절체절명의 위기 속에서 하나님께 간절히 기도하였습니다(참고. 시 54편). 24장에서 보았던 것과 같이 다윗은 또 한 번 사울 왕을 쉽게 죽일 수 있는 기회를 얻습니다. 하나님께서 사울을 아무 것도 눈치 채지 못하게 깊이 잠들게 하셨던 것입니다(12절). 다윗은 아비새와 함께 몰래 방어막을 뚫고 잠자고 있는 사울에게 가서 창과 물병만을 가지고 옵니다. 물론 부하들은 천재일우의 기회라고 하면서 사울을 죽이자고 합니다. 다윗은 다시 여호와의 기름 부은 자를 치는 것이 합당치 않고 심판은 하나님께서 하실 것이라고 하면서 사울을 해치지 않습니다. 이번에도 멀리 가서 사울에게 외칩니다. 다시 한 번 자신이 당하고 있는 부당함과 자신의 충정을 이야기합니다. 사울은 다시 잠시 신앙과 양심을 회복하고 다윗을 축복하면서 자기가 살던 곳으로 돌아갑니다.

오늘 본문 사무엘상 24-26장을 보면, 다윗과 사울의 비슷한 사건들 사이에 다윗과 나발의 사건이 위치해 있습니다. 성경 해석학에서 이러한 형식을 '샌드위치 구조'라고 합니다. 오늘 본문만 그런 것이 아니죠? 21-22장도 같은 구조로 되어있습니다. 놉 사건이 21-22장의 처음과 마지막에 위치해 있습니다. 학자들은 이러한 구조는 이 구조 안에 있는 사건들을 따로 따로 해석하고 의미를 부여하기 보다는, 양쪽의 내용과 가운데 있는 내용이 하나의 패키지로 이해해야 한다고 합니다. 다시 말해, 양쪽에 있는 사건들과 가운데 있는 사건들은 서로 의미를 보완해 주어서 하나의 온전한 의미를 만든다는 것입니다. 이해가 되시나요? 오늘 본문으로 하면, 양쪽에 있는 다윗과 사울의 사건, 그리고 그 가운데 있는 다윗과 나발의 사건을 따로 따로 떼어서 이해하기보다는 이 전체를 하나의 패키지로 이해하고 접근할 때 24장부터 26장까지의 전체 이야기를 통해 하나님께서 우리에게 주시는 의미를 바로 알 수 있다는 것입니다.

신앙과 삶의 양면성

그러면 24-26장의 샌드위치 구조를 통해 하나님께서 교훈하시고자 하는 핵심은 무엇이죠? 그것은 다윗의 신앙과 삶의 '양면성'입니다. 다윗이 사울 대할 때에는 이 세상에 어디에서도 볼 수 없는 온유와 절제 그리고 차분함과 관대함이 있었습니다. 반면에 자기를 죽이려고 추격하는 사울에게서 당한 일과 비교하면 그렇게 대단한 일이 아님에도 불구하고 나발에게는 절제력을 상실하여 크게 분노하고 복수심으로 맞대응 하려고 하는 모습을 볼 수 있습니다. 물론 다윗이 나발에게 반응했던 행동이 반드시 나쁘고 악하다고 평가할 수는 없습니다. 나발이 어려운 사람들에게 관용을 베푸는 당시 사회의 관습에 어긋나게 행동한 것과 일을 맡긴 자에게 당연히 지불해야 할 임금을 지불하지 않는 것은 그런 보응을 받기에 충분하였습니다. 인간적인 관점에서 보면, 다윗의 대응은 정당했습니다. 그럼에도 불구하고 오늘 본문에서 다윗은 자신이 나발에게 행한 것이 '하나님'께 합당치 않았다고 인정합니다 (삼상 25:32-33, 39).

여기에서 질문을 하나 하겠습니다. 오늘 본문을 보면 다윗의 대조적인 두 모습이 나오는데, 어떤 모습이 원래 다윗의 모습에 가깝다고 생각하십니까? 사울에게 행한 것이 원래 다윗의 모습에 가까울까요? 아니면 나발에게 행한 것이 원래 다윗의 모습에 가까울까요? 저는 나발에게 행한 것이 다윗의 원래 모습에 훨씬 더 가깝다고 생각합니다. 다윗이 나발에게 행한 것은 하나님에 대한 믿음이라는 요소를 뺀 다윗의 모습이었습니다. 하나님께서 은혜로 주신 믿음이라는 요소가 가미되니까 사울에게 보여주었던 품격 있고 성숙한 모습을 보일 수 있었습니다. 하나님께서 주신 믿음이라는 요소가 더해지느냐 아니면 더해지지 않으냐에 따라 다윗의 삶은 온탕과 냉탕을 왔다 갔다 하였던 것입니다. 하나님께서는 이 사실을 보여주기 위해서 다윗과 사울의 사건 그리고 다윗과 나발의 사건을 샌드위치 구조로 배치한 것입니다. 물론 다윗이 이 때만 이런 모습을 보인 것은 아닙니다. 전체 생애를 보더라도 그는 믿음과 삶에 있어서 종종 잘 이해가 되지 않을 정도로 온탕과 냉탕을 왔다 갔다 하는 것을 볼 수 있습니다.

사랑하는 여러분, 어떻습니까?
우리도 신앙생활을 하다보면 온탕과 냉탕을 함께 경험하지 않나요? 어떤 때는 내가 생각해보아도 기특할 정도로 여유 있고 멋있는 성숙한 신앙인의 모습을 보입니다. 그러나 항상 성숙한 모습만을 보이는 것은 아니죠? 그렇죠? 때로는 내가 보아도 한심하고 부끄러울 정도로 조급하고 비굴한 신앙인의 모습을 보기도 합니다. 우리의 삶이나 인격도 마찬가지입니다. 어떤 때는 가족(남편, 아내, 자녀)이나 남에게 지극히 온유하고 관대하고 양보하는 모습을 보일 때가 있지만, 어떤 때는 내가 이 정도 밖에 되지 않은가 싶을 정도로 거칠고 이기적이고 상처를 주는 모습을 보일 때도 있습니다. 그러면서 때로는 후회하기도 하고 때로는 탄식하고 때로는 괴로워하기도 합니다. 이러한 신앙과 삶과 인격의 양면성은 어느 누구도 예외 없이 우리 모두가 경험하는 것입니다. 사도 바울도 그랬습니다. 사도 바울도 자신이 원하는 선은 행치 아니하고 원하지 않는 것을 행하는 자신을 보면서 "오호라 나는 곤고한 사람이로다!" 하면서 괴로워하였던 것을 우리는 알고 있습니다. 다만 양면성의 빈도와 정도에 있어서 차이만 있을 뿐입니다. 아멘입니까?

그런데요, 이와 같이 양면성이 있는 우리 자신의 모습과 한계를 인정하고 깨닫게 될 때 우리가 할 수 없는 것이 있습니다. 그것은 남을 쉽게 평가하거나 비판하는 것입니다. 왜 그렇습니까? 나의 양면성의 한 쪽에 들보가 있는 것이 보이기 때문입니다. 예수님께서 말씀하신 것처럼, 나에게 들보가 있는데 어떻게 남의 티끌을 보면서 쉽게 비판하거나 손가락질 할 수 있겠습니까? 여러분! 그렇지 않습니까? 저는 그렇습니다. 예전에는 상식적으로 이해할 수 없는 일들을 행한 사람들을 지금보다 훨씬 쉽게 평가하고 비판했던 것 같은데, 요즈음은 많이 덜 그런 것 같습니다. 왜냐하면, 저에게도 정도의 차이는 있을지라도 그들과 똑같은 모습이 있는 것을 보기 때문입니다. 행여 지금 저에게 다른 사람보다 조금이라도 성숙하거나 나은 부분이 있다면 그것은 전적으로 주님의 은혜로 말미암은 것임을 인정하지 않을 수 없기 때문입니다. 우리가 남을 쉽게 비판하고 비난하는 것은 자기 속임이요 자기 부정입니다.

대신 긍휼과 사랑의 마음이 더욱 생기는 것 같습니다. 나의 한 쪽 면의 부족한 부분을 아니까 가족이나 주변 사람들 심지어 악을 행하는 사람들조차도 이해되고 동정심이 생기고, 부족한 부분을 돕고자 하는 마음이 생기는 것 같습니다. 이 마음이 하나님께서 우리에게 주시는 마음이고 우리에게 원하시는 마음인 줄 믿습니다.

저는 우리 모두가 오늘 본문에서 다윗이 보여주는 것처럼 우리의 한 쪽 부분에 연약함과 부족한 부분이 있는 것을 인정하고 깨닫기 소원합니다. 그래서 비판이나 손가락질보다는 긍휼과 사랑의 마음으로 모든 사람을 대하기를 간절히 소원합니다.

성숙한 신앙과 삶

그러면 하나님께서 다윗이 사울을 대하는 삶과 나발을 대하는 삶을 샌드위치 구조로 기록함으로 우리에게 교훈하는 것은 무엇입니까? 그것은 우리 모두가 다윗이 나발에게 대할 때처럼 살지 말고, 다윗이 사울에게 대할 때처럼 하나님 마음에 합한 멋있고 성숙한 삶을 살아야 한다는 것입니다. 여러분, 진정 그렇게 살고 싶지 않으십니까?

그러면 어떻게 우리가 다윗이 사울에게 보여주었던 성숙하고 하나님께 합당한 삶을 살 수 있을까요? 물론 가장 기본적으로 성령의 충만하심과 도우심이 필요합니다. 그것에 기초해서 오늘 본문은 구체적으로 우리에게 크게 두 가지를 교훈합니다.

하나님의 권위를 인정할 때

먼저, 다윗이 사울에게 그렇게 대할 수 있었던 것은 하나님과의 관계에서 자신의 위치를 지켰기 때문입니다. 다윗은 세우시는 하나님의 권위에 대한 인정함이 있었고, 악을 심판하시는 하나님에 대한 믿음이 있었기 때문에 그러한 성숙한 모습을 보일 수 있었던 것입니다. 사무엘상 24:6,10; 26:9입니다.

> 자기 사람들에게 이르되 내가 손을 들어 여호와의 기름 부음을 받은 내 주를 치는 것은 여호와께서 금하시는 것이니 그는 여호와의 기름 부음을 받은 자가 됨이니라 하고
> 오늘 여호와께서 굴에서 왕을 내 손에 넘기신 것을 왕이 아셨을 것이니이다 어떤 사람이 나를 권하여 왕을 죽이라 하였으나 내가 왕을 아껴 말하기를 나는 내 손을 들어 내 주를 해하지 아니하리니 그는 여호와의 기름 부음을 받은 자이기 때문이라 하였나이다
> 다윗이 아비새에게 이르되 죽이지 말라 누구든지 손을 들어 여호와의 기름 부음 받은 자를 치면 죄가 없겠느냐 하고

우리 모두가 잘 아는 말씀인데요, 다윗은 사울이 비록 악한 일을 행하고 있다고 할지라도 그를 세우신 분이 하나님이심을 믿었습니다. 세우시는 하나님의 권위를 인정한 것입니다. 또한 자신이 얼마든지 죽일 수 있었음에도 불구하고 그렇게 하지 않았습니다.

그것은 세우신 하나님께 죄를 짓는 것이기 때문이었습니다.

사랑하는 여러분,

우리도 세우시는 하나님의 권위를 인정하는 삶을 살 수 있기를 소원합니다. 물론 우리 교회는 조 목사님께서 이 부분에 대해 많이 상소하시기 때문에 그렇지 않은데요, 수변에서 송송 세우신 하나님의 권위를 인정하는 것에 대해 거부감을 갖는 분들이 있는 것을 봅니다. 저는 오늘날 많은 교회들이 어려움을 겪는 중요한 이유 가운데 하나는 세우신 하나님의 권위를 인정하지 않기 때문이라고 생각합니다. 그러면서 그것은 구약의 이야기라고 말하기도 합니다. 결코 그렇지 않습니다. 성경을 보면 구약에만 세우시는 하나님의 권위를 말씀하지 않습니다. 바울도 로마서 13장에서 같은 말씀을 했습니다. 베드로전서 2:13-3:6에도 같은 말씀이 있습니다. 하나님께서는 성경 전체를 통해 통치자, 주인, 부모님 그리고 남편이 선하고 관용할 때 뿐 아니라 그렇지 않을 때에도 그들의 권위를 인정하라고 말씀합니다. 왜 그렇습니까? 하나님께서 그들을 각각의 공동체의 머리로 세웠기 때문입니다. 그들의 권위가 존중될 때 교회와 공동체와 가정이 평안하고 질서가 생기기 때문입니다.

물론 세우시는 하나님의 권위를 인정한다고 해서 무조건 따르거나 아무 것도 하지 않고 가만히 있으라는 것은 아닙니다. 오늘 본문에서 다윗과 아비가일이 했던 것과 같이 지혜롭고 설득력 있게 권면이나 조언도 해야 합니다. 그러나 하나님의 권위를 무시하거나 넘지 말아야 할 경계선을 넘어서는 안 될 것입니다. 이와 같이 하나님의 권위를 인정하면서 교회나 공동체에서 지도자, 직장에서 상사, 가정에서 부모님과 남편의 권위를 세워줄 때 우리는 다윗처럼 하나님의 깊은 은혜를 경험하게 될 줄 믿습니다.

심판자 되시는 하나님을 믿을 때

다윗이 사울에게 그렇게 대할 수 있었던 또 하나의 이유는 다윗이 심판자 되시는 하나님을 확실히 믿었기 때문이었습니다. 오늘 본문을 보면 다윗이 사울에게 대할 때와 나발에게 대할 때의 가장 큰 차이는 심판자 되시는 하나님에 대한 믿음과 그것을 잠시 잃어버림의 차이였던 것을 알 수 있습니다. 사무엘상 24:12,15; 26:10입니다.

> 여호와께서는 나와 왕 사이를 판단하사 여호와께서 나를 위하여 왕에게 보복하시려니와 내 손으로는 왕을 해하지 않겠나이다
> 여호와께서는 나와 왕 사이를 판단하사 여호와께서 나를 위하여 왕에게 보복하시려니와 내 손으로는 왕을 해하지 않겠나이다
> 다윗이 또 이르되 여호와께서 살아 계심을 두고 맹세하노니 여호와께서 그를 치시리니 혹은 죽을 날이 이르거나 또는 전장에 나가서 망하리라

다윗이 사울을 대할 때는 세우신 하나님께서 직접 심판자가 되셔서 악을 갚으실 것을 믿고 하나님께 맡겼습니다. 주위에서 무엇이라고 하여도 그는 결코 요동치 않았습니다. 그런데 나발을 대할 때는 심판하시는 하나님에 대한 신뢰가 보이지 않습니다. 직접 악한 자와 대항해서 악의 문제를 해결하려고 했습니다. 그런데 하나님께서 아비가일을 통해 다윗의 잘못을 깨닫게 해 주었습니다(삼상 25:26). 다윗이 아비가일의 말을 듣고 자신이 참았을 때 하나

님께서 나발의 문제를 해결해 주신 것을 실제로 경험하고 하나님께 감사하고 찬양하고 있습니다. 사무엘상 25:39입니다.

> 나발이 죽었다 함을 다윗이 듣고 이르되 나발에게 당한 나의 모욕을 갚아 주사 종으로 악한 일을 하지 않게 하신 여호와를 찬송할지로다 여호와께서 나발의 악행을 그의 머리에 돌리셨도다 하니라 다윗이 아비가일을 자기 아내로 삼으려고 사람을 보내어 그에게 말하게 하매

세상 법으로 본다면, 다윗이 사울을 죽이더라도 그것은 정당방위에 속한 것입니다. 세상 사람들의 관점에서 보면, 어쩌면 그렇게 좋은 기회가 주어졌는데도 사울을 살려주는 것은 참으로 어리석은 일이었습니다. 그러나 다윗은 자신이 직접 심판자의 역할을 하지 않았습니다. 다윗의 인품이 훌륭해서 또는 나면서부터 너그럽고 관용이 많아서 그렇게 할 수 있었던 것은 아니었습니다. 다윗이 나발을 대하였던 것을 보면 다윗도 자존심 강하고, 보복심도 강하게 내재되어 있었던 우리와 같은 보통 사람임을 쉽게 알 수 있습니다.

온유와 절제로 사울을 대할 수 있었던 것은 오늘 본문에서 말씀하는 것처럼, 세우신 하나님께서 직접 하나님의 때에 하나님의 방법으로 악을 징계하실 것을 다윗은 분명히 믿었기 때문이었습니다. 뿐만 아니라 그것이 하나님 앞에 합당하고 성숙한 신앙인의 모습이라는 것을 나발의 사건을 통해 분명히 경험하게 하셨습니다. 이 두 사건은 평생 다윗에게 좋은 지침과 교훈을 제공하였던 것입니다.

사랑하는 성도 여러분, 우리도 살아가다 보면 특히 광야의 삶을 살 때 우리 주변에는 항상 사울이나 나발과 같은 사람들이 있습니다. 문자적으로 우리를 죽이려고 하는 사람은 없겠지만, 우리 주변에는 우리를 모함하는 사람들도 있고 상식 이하의 모습으로 우리를 힘들게 하는 사람들도 있습니다. 우리도 다윗과 같이 하나님의 심판하심을 온전히 믿으면 어떠한 상황에서도 우리의 한계를 뛰어넘는 온유와 절제와 여유와 관대함으로 살아갈 수 있을 줄 믿습니다.

물론 악한 일을 하는 사람들을 보면서 하나님의 심판하심을 믿고 아무 것도 하지 않고 가만히 있으라는 것은 아닙니다. 오늘 본문에서 다윗이 사울에게 했던 것과 같이 지혜도 필요하고 조언도 해야 하고 적절한 대처도 필요합니다. 우리의 입장을 표명해야 될 때도 있고, 그럴 수 있는 위치에 있다면 훈계와 책망도 필요합니다. 하지만 우리가 결코 잊지 말고 항상 기억해야 할 성경의 진리는 심판은 나의 영역이 아니라는 것입니다. 심판은 하나님의 영역인 줄 믿습니다(참고. 시 54:4-7; 살전 5:15; 벧전 3:9). 아멘이시죠? 내가 심판하는 것은 하나님의 영역을 침범하는 죄를 범하는 것입니다.

물론 하나님께서 악을 항상 즉시 처리하시는 것은 아닙니다. 때로는 답답할 정도로 때로는 내가 지칠 정도로 악을 옆에 두시는 경우도 있습니다. 하나님께서는 악이 차도록 기다리실 때도 있습니다. 고린도후서 5:10은 이렇게 말씀합니다.

이는 우리가 다 반드시 그리스도의 심판대 앞에 나타나게 되어 각각 선악 간에 그 몸으로 행한 것을 따라 받으려 함이라

우리가 언젠가는 판단하시고 갚으시는 하나님을 믿으면, 이 나그네 같은 인생길을 참으로 담대하고 당당하고 여유 있게 살게 될 줄 믿습니다.

그런데요 성경은 단순히 악한 사람들의 심판을 하나님께 맡기기만 하라고 말씀하시지 않습니다. 로마서 12:19-21을 보겠습니다.

내 사랑하는 자들아 너희가 친히 원수를 갚지 말고 하나님의 진노하심에 맡기라 기록되었으되 원수 갚는 것이 내게 있으니 내가 갚으리라고 주께서 말씀하시니라 네 원수가 주리거든 먹이고 목마르거든 마시게 하라 그리함으로 네가 숯불을 그 머리에 쌓아 놓으리라 악에게 지지 말고 선으로 악을 이기라

오히려 선을 행하라고 말씀합니다. 선으로 악을 이기라고 말씀합니다. 여러분, 이것이 쉽습니까? 결코 쉽지 않습니다. 저는 우리 하나님의 백성들이 악을 대하는 자세와 관련하여 나눈다면 크게 세 레벨이 있다고 생각합니다. 첫 단계는 악에 대해서 같이 맞대응하며 싸우는 것입니다. 두 번째 단계는 심판을 하나님께 맡기고 맞대응은 하지 않는 것입니다. 세 번째 단계는 선으로 악을 극복하는 것입니다. 우리가 최소한 두 번째는 되어야 되지 않을까 생각합니다.

그런데요, 하나님의 영역을 침범하는 죄를 범할 가능성이 높은 우리가 특히 주의해야 할 때와 상황이 있습니다. 그것이 언제죠?

대개 우리가 심판하거나 보복할 능력과 환경이 되었을 때입니다. 21-22장에서 다윗이 놉에서 억울하고 분통터지는 일을 당할 때는 대응할 능력이 되지 않았습니다. 그 때는 어쩔 수 없이 하나님께 의탁했습니다. 그런데 나발에게는 대항할 힘과 능력이 있었기 때문에 자신이 문제를 해결하려고 했고, 자신이 하나님의 위치에서 심판하려고 했던 것입니다. 우리도 그렇게 하기 쉽습니다. 우리에게 힘이 있거나 어떤 방법이 있으면 심판자 되시는 하나님께 맡기지 않고 우리가 직접 심판자가 될 가능성이 많습니다. 그러나 힘이 있을 때나 없을 때나 맞대응할 상황이 될 때나 그렇지 않을 때나 동일하게 선악의 모든 문제를 심판자 되시는 하나님께 맡기고 선을 행하는 우리 모두가 되어야 할 줄 믿습니다.

다른 사람의 도움이 있을 때

다윗이 사울에게 보여주었던 성숙한 삶을 살기 위해 오늘 본문을 통해 교훈하시는 또 한 가지는 다른 사람의 도움이 필요하다는 것입니다. 오늘 본문을 보면, 다윗이 자제력을 잃어버리고 분노하며 보복하려고 했을 때 하나님 앞에서 그런 잘못을 범하지 않도록 사람을 보내주었습니다. 그 사람이 아비가일이라는 현명하고 지혜로운 여인이었습니다. 다윗의 생애를 보면 늘 다윗이 믿음의 길로 가는데 돕는 사람이 있었습니다. 이전에는 사무엘과 요나단이 그 역할을 감당하였습니다. 이 후에는 나단 선지자나 갓 선지자가 다윗이 바른 길로 가도록 인도해 주었습니다. 그러니까 하나님께서 다윗을 직접 가르쳐 주시고 인도하실 때도 있었지만, 하나님께서는 사람들을 통해 다윗을 도우시고 인도하시기도 했습니다. 그들의 도움으로 다윗은 평생 믿음의 길을 잘 달려갔던 것입니다.

우리도 마찬가지입니다. 우리에게도 때에 따라 돕는 사람들이 필요합니다. 우리도 어떤 것을 결정하지 못하고 갈등할 때가 있고, 잘못된 길로 갈 때도 있기 때문입니다. 그 때 방향을 제시해주고 우리의 잘못을 깨닫게 해주는 오늘 본문의 아비가일과 같은 사람이 필요합니다. 저도 필요하고, 여러분도 필요합니다. 돕는 사람이 필요 없는 사람은 없습니다. 그래서 좋은 교제권이 필요하고, 언제든지 기대고 도움을 청할 수 있는 좋은 신앙의 선배 그리고 멘토와 같은 목회자도 필요합니다. 뿐만 아니라 우리 주변의 어떤 사람이 아비가일일지 모르기 때문에 우리에게 성령 안에서 열린 마음 또는 민감함이 필요한 줄 믿습니다.

여기에서 질문 하나 하겠습니다. 지금까지 여러분들에게 아비가일이 있었나요? 아니면 없었나요? 이번에 설교를 준비하면서 생각해 보았습니다. 하나님께서 저의 인생의 중요한 순간순간마다 아비가일을 보내주셨던 것 같습니다. 여러분 어떻습니까? 지난 일주일을 생각해 보세요. 하나님께서 얼마나 많이 아비가일을 보내주셨는지 모릅니다. 그래서 지금 우리가 여기에 있는 것입니다.

그런데 우리가 알아야 할 것은 우리 주변에 있는 모든 사람이 다 아비가일이 아니라는 것입니다. 오늘 본문을 보면, 다윗의 군사들은 계속 사울을 죽여야 한다고 주장합니다. 그것도 하나님의 이름으로 말했습니다(삼상 24:4; 26:8). 다윗은 그의 부하들의 제안을 완전히 거절합니다. 하나님의 뜻이 아니었기 때문입니다. 우리 주변에도 다윗의 부하들과 같은 사람들이 많습니다. 그들의 잘못된 조언을 듣고 따른다면 낭패를 볼 수밖에 없습니다.

하지만 다윗은 아비가일의 조언은 듣습니다. 나중에 아비가일 때문에 하나님께 감사하고 아비가일을 보내주신 하나님을 찬양하고 있습니다. 다윗은 하나님의 뜻을 분별하는 능력이 있었습니다. 우리에게도 주변에서 돕는 사람들이 아비가일인지 아니면 다윗의 부하인지 판단할 수 있는 능력과 지혜가 필요합니다.

말씀을 맺겠습니다.

오늘 본문은 다윗의 신앙과 삶의 양면성을 보여주고 있습니다. 다윗만 그런 것이 아닙니다. 우리도 마찬가지입니다. 어느 누구도 예외가 없습니다. 오늘 본문은 우리에게 다윗이 나발에게 대했던 모습이 아니라 다윗이 사울에게 대했던 모습으로 살 것을 교훈합니다. 그것이 어떻게 가능합니까? 세우시는 하나님의 권위를 인정하고 심판자 되시는 하나님을 믿을 때 가능합니다. 좋은 신앙의 동역자 또는 멘토의 도움도 필요합니다. 저는 우리 모두가 하나님의 은혜로 다윗이 사울을 대했던 온유와 절제와 여유가 있는 성숙한 믿음의 삶을 살기를 간절히 바랍니다.

사무엘상 27-31장(27:1-7; 30:1-6)
대조되는 두 부류의 신앙과 사람

다윗은 왕이 되기에 크게 부족하지 않는 믿음과 지도력을 갖추고 있었지만, 하나님께서는 필요하다고 판단하셨기 때문에 아주 혹독하고 긴 광야의 과정을 지나게 하셨습니다. 그 과정에서 다윗은 어느 때보다도 간절하게 하나님께 기도하였고, 기도를 통해 어느 때보다도 깊이 하나님을 만날 수 있었습니다. 또한 광야가 아니면 경험할 수 없는 많은 것들을 경험하기도 하였습니다. 때로는 비굴한 모습을 보이기도 하고, 때로는 억울한 일도 당하기도 하였습니다. 그러나 종합적으로 보면, 그 모든 과정들은 다윗이 더욱 더 하나님께 합당한 왕이 되기에 필요한 맞춤 과정들이었습니다.

그 과정 가운데서 지난주에 우리는 다윗이 사울을 대할 때의 온유하고 절제하는 아주 성숙한 모습과 다윗이 나발을 대할 때의 분노하고 보복심이 가득한 모습을 함께 보았습니다. 그러한 대조적인 모습을 통해 하나님께서는 우리가 다윗이 나발을 대할 때의 모습이 아니라 다윗이 사울을 대할 때의 성숙한 모습으로 살아야 함을 교훈하셨습니다. 더 나아가서 다윗이 사울을 대할 때의 성숙한 모습으로 살기 위해 크게 두 가지가 필요함을 말씀하셨습니다.

하나는 하나님과의 관계에서 우리의 위치를 지키는 것입니다. 다시 말해, 세우시는 하나님의 권위를 인정하고 심판하시는 하나님에 대한 믿음이 필요합니다. 뿐만 아니라 아비가일과 같이 우리가 잘못된 길을 가고 있을 때 깨닫게 하고 바른 방향을 제시하는 믿음의 동역자 또는 멘토도 필요합니다.

블레셋으로의 망명

오늘 본문 27-31장은 다윗이 광야 생활을 마무리하는 과정이 기록되었습니다. 1절입니다.

> 다윗이 그 마음에 생각하기를 내가 후일에는 사울의 손에 붙잡히리니 블레셋 사람들의 땅으로 피하여 들어가는 것이 좋으리로다 사울이 이스라엘 온 영토 내에서 다시 나를 찾다가 단념하리니 내가 그의 손에서 벗어나리라 하고

사울의 끈질긴 추격으로 여러 번 죽을 고비를 넘긴 다윗은 이제 사울의 추격을 따돌리기 위해 블레셋으로의 망명을 결심합니다. 다윗이 블레셋으로 망명한 것을 안 후에 사울은 더 이상 다윗을 수색하지 않게 됩니다. 4절입니다.

> 다윗이 가드에 도망한 것을 어떤 사람이 사울에게 전하매 사울이 다시는 그를 수색하지 아니하니라

다윗은 블레셋의 아기스 왕에게 지방의 한 성읍을 달라고 요청합니다. 왜냐하면 왕이 살고 있는 가드 근처에 있으면 자신과 자

신의 군사들이 감시를 당할 것이고, 그로 인해 많은 제약을 받을 수 있다고 생각했기 때문이었습니다(11절). 감사하게도 아기스는 다윗의 요청을 받아들여 다윗에게 가드에서 남쪽으로 약 40km 떨어진 시글락에 살도록 허락해 주었습니다. 아기스가 그렇게 다윗에게 호의를 베푼 것은 사울과의 관계가 좋지 않은 훌륭한 군인인 다윗을 자신의 부하로 두고 있으면 앞으로 이스라엘과의 전쟁에서 유용하게 써먹을 수 있다고 판단했기 때문이었습니다. 12절입니다.

> 아기스가 다윗을 믿고 말하기를 다윗이 자기 백성 이스라엘에게 심히 미움을 받게 되었으니 그는 영원히 내 부하가 되리라고 생각하니라

다윗은 그 곳에서 1년 4개월을 머물렀습니다. 7절입니다.

> 다윗이 블레셋 사람들의 지방에 산 날 수는 일 년 사 개월이었더라

다윗은 시글락에 머물면서 남방에 위치한 그술과 기르스와 아말렉을 공격하여 많은 전리품들을 획득했습니다. 그술과 기르스와 아말렉은 이스라엘이 가나안을 공격할 때 빼앗지 못하였거나 이스라엘과 오랫동안 적대 관계에 있었던 나라들이었습니다. 다윗은 민족적 차원에서 또는 하나님 나라 관점에서 의분으로 그들을 공격하였던 것 같습니다. 다윗은 이러한 일들을 아기스 왕에서 사실대로 보고 하지 않고 마치 자신이 계속 이스라엘의 변방을 공격한

것처럼 거짓말을 합니다(10절). 아기스는 그러한 다윗의 말에 감쪽같이 속아 넘어 갑니다(12절). 마침내 아기스 왕은 군사들을 모아 이스라엘과 싸움을 하기로 하였는데, 다윗에게 전쟁에 동참할 것을 요청하였습니다(28:1).

이제 전쟁이 시작되었는데, 사울은 두려운 마음에 변장을 해서 신접한 여인을 찾아갑니다. 그 여인에게 자신이 어떻게 될 것인지 알기 위해서 이미 죽은 사무엘을 불러달라고 합니다. 이 일은 참으로 악한 일이었습니다. 죽은 자를 불러내어 어떤 계시를 받고자 하는 것은 당시 가나안 민족들이 행하는 일이었기 때문에 율법에서 절대로 금하던 것이었습니다(신 18:9-14; 레 19:31, 20:27).

하지만 사울은 하나님께서 꿈으로도 우림으로도 선지자로도 그에게 나타나지 않았기 때문에 어쩔 수 없이 그 일을 하였습니다(28:6). 바라는 대로 사무엘이 나타났지만, 사울이 하나님께 불순종했기 때문에 이스라엘이 블레셋에 패배할 것이라는 말씀을 듣습니다. 사울은 절망감으로 인해 기진맥진하게 됩니다. 여기에서 사무엘이 나타난 것에 대해 여러 가지 해석들이 있습니다.

어떤 분들이 이 일은 특별한 케이스로 진짜 사무엘이 영으로 와서 말했다고 하기도 하지만 그것은 옳지 않습니다. 그러한 해석을 지지하는 성경은 없습니다. 여기에서 신접한 여인에 의해 불리어진 것은 사무엘처럼 변장한 악한 영이었다고 보는 것이 적절합니다. 왜냐하면 하나님께서는 악한 영을 통해서도 하나님의 뜻을 알려주실 수 있기 때문입니다. 아무튼 사울의 인생 마지막은 신앙적으로도 비참해지는 것을 볼 수 있습니다.

한편 아기스에 의해 이스라엘과의 전쟁에 동참하도록 요청받은 다윗은 진퇴양난의 위기에 빠졌습니다. 만약 다윗이 사울과의 전쟁에 참여했다면 그것은 자기 동족 이스라엘과의 원치 않는 전쟁에 참여하는 참으로 가슴 아픈 일입니다. 하지만 만약 블레셋을 돕지 않는다면 아기스 왕과 사이가 틀어져서 그곳에서 계속 살지 못했을 것입니다.

그러나 29장을 보면 블레셋과 이스라엘이 전쟁을 시작하려고 하는데 아기스의 부하들이 다윗과 함께 전쟁하는 것을 결사반대합니다(4-5절). 아기스는 다윗에게 미안한 마음으로 돌아가도록 부탁하고, 다윗도 아쉬움을 표하면서 시글락으로 돌아가게 됩니다. 하나님께서 블레셋 지휘관들의 마음을 움직여주셔서 전쟁에 참여하지 않게 하셨습니다. 이번에도 하나님의 도움으로 진퇴양난의 위기에서 극적으로 빠져 나올 수 있었던 것입니다.

이제 그들은 다시 자기들이 살고 있는 시글락으로 돌아오게 됩니다. 그런데 어찌된 일입니까? 아말렉 사람들이 침략해서 시글락을 불사르고 여인들을 다 끌고 갔습니다. 그것을 본 다윗과 부하들은 울 기력이 없을 정도로 크게 소리 내어 울었습니다(4절). 졸지에 가족을 잃어버린 그 사람들은 다윗을 돌로 쳐서 죽이려고 까지 했습니다. 6절입니다.

> 백성들이 자녀들 때문에 마음이 슬퍼서 다윗을 돌로 치자 하니 다윗이 크게 다급하였으나 그의 하나님 여호와를 힘입고 용기를 얻었더라

다윗은 크게 좌절했지만 하나님을 의지함으로 다시 용기를 얻었습니다. 다윗은 에봇을 가져오게 하고 어떻게 해야 할 지 하나님께 물었습니다. 하나님께서 뒤쫓아 가라고 하십니다. 감사하게도 뒤쫓아 가는 중에 하나님께서 애굽 사람을 만나게 하십니다. 그 사람은 아말렉 군사의 종이었는데 병 들어서 주인이 버리고 간 사람입니다. 그 애굽 사람은 다윗의 군대를 아말렉 군대가 있는 곳으로 데리고 갔습니다. 아말렉 사람들은 다윗이 뒤쫓아 올 줄 전혀 모르고 전쟁에서 승리하여 탈취물을 많이 가지고 왔기 때문에 술 마시고 춤을 추며 잔치를 벌이고 있었습니다. 다윗의 군사들은 쉽게 그들을 물리치고 모든 것을 도로 찾아왔고 많은 가축들을 전리품으로 빼앗아 오는 것은 결코 어려운 일이 아니었습니다.

그런데 문제가 생겼습니다. 다윗과 그의 군사들이 아말렉을 뒤쫓아 올 때 브솔 시내에서 피곤하여 따르지 못한 200명을 두고 왔는데 다윗과 함께 아말렉 토벌 작전에 참여했던 사람들이 전쟁에 동참하지 않는 사람들에게는 전리품을 주지 말자고 합니다(22절). 하지만 다윗은 하나님께서 하신 것이기 때문에 그렇게 해서는 안 되고 전리품을 모두에게 나누어주게 하였습니다(23-4절). 그것은 이스라엘의 전통이 되었습니다(25절). 사무엘상의 마지막 31장은 사울과 요나단이 비참하게 전장에서 죽는 것이 기록되어 있습니다.

대조되는 두 부류의 신앙과 사람

그러면 오늘 본문 27장부터 31장까지의 말씀을 통해 하나님께서 우리에게 주시고자 하는 교훈은 무엇입니까? 물론 각 부분을 세분해서 살펴볼 수도 있고, 본문을 여러 가지 관점에서 접근할 수 있을 것입니다. 저는 본문을 전체적으로 접근해서 크게 대조되는 두 부류의 신앙과 크게 대조되는 두 부류의 사람의 관점에서 살펴보려고 합니다.

두 부류의 신앙 : 두려움(자신)과 믿음(하나님)

먼저, 오늘 본문은 다윗을 통해 크게 대조되는 두 부류의 신앙을 보여주고 있습니다. 오늘 본문 27장을 보면, 다윗은 10년 가까이 광야의 과정을 경험하면서 많은 훈련을 받았지만 여전히 하나님 앞에서 부족한 모습을 보이고 있습니다. 21장에서 보았던 대로, 다윗은 광야 시절 초기에 블레셋으로 망명하기 원했는데, 그곳 사람들이 자신을 알아보자 위협을 느끼고 미친 척 하면서 도망 나왔던 경험이 있습니다. 오늘 본문 27장에서는 다시 블레셋으로 가서 망명 요청을 하였는데, 이번에는 받아들여져서 거기에 머문 것이 기록되어 있습니다. 그가 그러한 결정을 하게 된 근거가 무엇입니까? 27:1입니다.

> 다윗이 그 마음에 생각하기를 내가 후일에는 사울의 손에 붙잡히리니 블레셋 사람들의 땅으로 피하여 들어가는 것이 좋으리로다 사울이 이스라엘 온 영토 내에서 다시 나를 찾다가 단념하리니 내가 그의 손에서 벗어나리라 하고

자신이 옳다고 생각해서 그렇게 결정한 것입니다. 뿐만 아니라

시글락이라는 곳에 머무르면서 이스라엘과 적이었던 민족들과 전쟁하면서 삶의 필요를 채우곤 하였습니다. 그런데 다윗은 이스라엘의 적들과 전쟁하면서 마치 블레셋 사람들과 적대 관계에 있었던 자기 민족 이스라엘과 전쟁하였던 것처럼 아기스에게 거짓말을 했습니다. 여러분, 다윗이 이렇게 거짓말하고 속이는 행동은 잘한 것입니까? 아니면 하나님께 합당치 않는 것입니까? 잘못된 것입니다. 본문은 그가 왜 그렇게 했는지 분명하게 말씀합니다. 27:11입니다.

> 다윗이 그 남녀를 살려서 가드로 데려가지 아니한 것은 그의 생각에 그들이 우리에게 대하여 이르기를 다윗이 행한 일이 이러하니라 하여 블레셋 사람들의 지방에 거주하는 동안에 이같이 행하는 습관이 있었다 할까 두려워함이었더라

오늘 본문은 다윗이 블레셋에 간 것도 아기스에게 거짓말 하는 것도 하나님께서 인도하셔서 그렇게 한 것이 아니고 모두 자신의 생각과 판단에 의한 결정임을 말씀합니다. 오늘 본문을 보면 다윗이 그렇게 자신의 생각과 판단을 따라 결정하게 된 이유를 말씀합니다. 다시 27:1을 보면, 다윗이 블레셋으로 가게 된 계기 또는 그와 같은 결정을 한 가장 중요한 계기는 사울의 추격을 피하기 위함이었습니다. 다윗은 10년 가까이 광야 생활을 하면서 특히 사울의 추격을 받으면서 많이 힘들었고 지쳤을 것이 분명합니다. 그 상황에서 사울에게 잡히는 것에 대해 두려움도 있었습니다.

바꾸어 말하면, 다윗은 지치고 힘든 상황에서 하나님은 보이지 않고, 사람과 주변 환경만 보였던 것입니다. 또한 하나님께서 사

무엘을 통해 미래의 왕으로 기름 부으셨을 뿐 아니라 다양한 사람들과 경로를 통해 사울에게서 지켜주시고 반드시 왕이 되게 하실 것을 말씀해 주셨는데 그러한 하나님의 약속도 그 상황에 눌려 전혀 효과를 발휘하지 못했습니다. 지치고 힘든 상황에서 하나님에 대한 믿음과 하나님께서 주신 약속이 전혀 작동되지 않으니까 두려움이 생겼고 그 두려움 때문에 인간적인 판단과 결정과 행동을 하였던 것입니다. 아기스에게 거짓말 한 것도 두려움 때문이었다고 말씀합니다(27:11).

다윗은 전에 블레셋 왕 앞에서 미친 척하면서 속임수를 쓰다가 쫓겨난 다음에 시편 34:12-13에서 '생명을 사모하고 연수를 사랑하여 복 받기를 원한다면 혀를 악에서 금하며 입술을 거짓말에서 금할 것'이라고 분명히 선포하였습니다. 그는 분명 거짓말하고 남을 속이는 것이 하나님 앞에서 합당치 않는 일임을 알았습니다. 23장에서 말씀한 대로, 그일라를 구하는 과정에서는 계속 하나님께 물으면서 상황과 결과를 초월한 순종의 모습을 보여주었고, 그 과정에서 하나님께서 함께 하시고 인도하시는 놀라운 은혜를 경험했습니다. 27장에서는 그러한 결단과 믿음의 모습이 전혀 보이지 않습니다.

그러면 그렇게 하나님을 의지하고 하나님의 인도하심을 따라 살지 않고, 오직 자신의 생각과 판단에 따라 행동한 결과가 어떻습니까? 한 마디로, 계속 일이 꼬이게 됩니다. 첫 번째 블레셋으로 간 인간적인 판단은 두 번째 아기스에게 거짓말하는 것으로 연결됩니다. 그러한 거짓말은 아기스와 이스라엘의 전쟁에 블레셋 편으로 동참하기 직전까지 이르게 됩니다. 만약에 하나님께서 아기스의 부하들을 통해 막아주시지 않았다면, 자신이 왕이 될 자기 민족과 전쟁을 하게 되는 큰 낭패를 경험했을 것입니다. 그 뿐 아닙니다. 전쟁에 참여하느냐 마느냐로 시끄러운 와중에 아말렉이 시글락에 남아 있는 백성들을 공격하여 성읍을 불태우고 아내들과 자녀들을 모두 포로로 잡아가는 충격적인 일도 경험합니다. 다윗은 더 이상 울 기력이 없도록 울었고, 백성들이 다윗을 돌로 치려고 하는 위기의 순간도 맞이하게 됩니다. 이것이 오늘 본문에서 보여주는 다윗의 한 모습입니다.

그런데 오늘 본문에는 이와 대조되는 또 하나의 다윗의 모습이 기록되어 있습니다. 그것은 하나님을 의지하고 하나님의 인도하심을 구하는 믿음의 모습입니다. 30:6입니다.

> 백성들이 자녀들 때문에 마음이 슬퍼서 다윗을 돌로 치자 하니 다윗이 크게 다급하였으나 그의 하나님 여호와를 힘입고 용기를 얻었더라

다윗은 성이 불타고 가족들이 포로로 잡혀간 상황에서 돌로 맞아 죽을 위기에 직면했습니다. 하지만 이 때는 하나님 안에서 그 위기의 상황을 보게 되었습니다. 최고의 위기의 상황이었지만 그 상황에서도 힘과 용기를 얻게 되었습니다. 앞에서와는 다르게 자기의 생각을 따라 결정하지 않고 하나님께 물어봅니다. 7-8입니다.

다윗이 아히멜렉의 아들 제사장 아비아달에게 이르되 원하건대 에봇을 내게로 가져오라 아비아달이 에봇을 다윗에게로 가져가

매 다윗이 여호와께 묻자와 이르되 내가 이 군대를 추격하면 따라잡겠나이까 하니 여호와께서 그에게 대답하시되 그를 쫓아가라 네가 반드시 따라잡고 도로 찾으리라

다윗은 하나님의 허락하심을 따라 아말렉을 추격하게 됩니다. 조금 전에 말씀드린 대로, 그와 같이 하나님의 인도하심을 따라 추격하니까 하나님께서 효과적으로 아말렉을 공격하도록 하기 위해 애굽 사람 하나를 만나게 해 줍니다. 그 사람의 도움으로 쉽게 아멜렉을 격파하여 포로로 잡혀갔던 사람들을 손쉽게 데리고 오고 전리품까지 가지고 오는 쾌거를 이루게 됩니다. 전리품을 어떻게 할 것인가에 대한 논쟁도 있었지만 동일하게 전리품을 분배하는 전통까지 만드는 지도자로서의 위상을 다시 찾게 되었습니다.

오늘 본문은 현실의 상황에 함몰되어 두려워하면서 자신의 판단과 생각에 따라 살아가는 다윗의 모습과 최고의 위기에서도 하나님 안에서 그 위기를 봄으로 힘과 용기를 회복하고 하나님의 인도하심으로 사는 또 다른 다윗의 모습이 대조되어 있습니다. 또한 그러한 선택에 따라 다윗이 어떠한 일을 경험했는지도 보여줍니다.

사랑하는 성도 여러분, 오늘 본문은 다윗의 대조되는 두 모습과 그 결과를 통해 우리에게 교훈하시는 것은 너무도 분명합니다. 그것은 두 가지입니다. 하나는 하나님의 사람은 27장에서 다윗이 보여준 것처럼 자신이 처한 현실 상황에 억눌리지 않아야 한다는 것입니다. 특히 광야의 과정에서 아무리 그 기간이 길어서 지치고 모든 것을 포기하고 싶은 힘든 상황이 온다고 할지라도 그 상황에

매몰되지 않아야 합니다. 대신 30장에서 다윗이 보여준 것처럼 절체절명의 위기에서도 하나님 안에서 믿음의 안경을 끼고 그 상황을 보아야 합니다. 물론 그렇게 하기가 결코 쉽지는 않습니다. 다윗은 지금까지 보아온 것처럼 훌륭한 믿음의 사람입니다. 그럼에도 불구하고 너무 힘들고 어려운 상황이 오랫동안 계속되니까 그 상황에 눌려서 두려운 마음이 생겼고 또한 인간적인 결정을 하게 되었습니다. 다윗만 그렇습니까? 아브라함도 그랬습니다. 아브라함도 15년은 잘 인내했습니다. 그런데 그 기간이 너무 길고 힘드니까 하나님의 약속을 변질시켜 버렸습니다.

우리는 어떻습니까? 우리도 그럴 가능성이 아주 높습니다. 우리 가운데도 여러 가지 문제로 힘들고 어려운 상황 가운데 오랫동안 계신 분들이 계실 것입니다. 오랫동안 광야의 삶이 지속될 때 끝까지 온전한 믿음으로 버틴다는 것이 결코 쉽지 않습니다. 그때 우리도 자포자기하기도 하고, 낙심과 좌절 속에서 극한 침체와 우울을 경험하기도 합니다. 저는 오늘 본문 30장의 다윗의 모습을 보면서 금방 떠오르는 성경 말씀이 있었습니다. 이사야 40:29-31입니다.

> 피곤한 자에게는 능력을 주시며, 무능한 자에게는 힘을 더하시나니, 소년이라도 피곤하며 곤비하며 장정이라도 넘어지며 쓰러지되, 오직 여호와를 앙망(간절히 바라봄/소망)하는 자는 새 힘(세상과 차원이 다른 힘)을 얻으리니 독수리가 날개 치며 올라감 같을 것이요 달음박질하여도 곤비하지 아니하겠고 걸어가도 피곤하지 아니하리로다.

제가 힘이 빠지거나 지칠 때마다 붙잡고 기도하는 말씀입니다.

낙심되고 좌절되고 지칠 때마다 저는 늘 "하나님! 독수리가 날개 치며 올라감같이 저에게 새 힘을 주십시오!"라고 기도합니다. 여러분, 폭풍이 닥칠 때 다른 새들은 바위틈이나 나무 밑에 숨지만, 독수리는 다르다고 합니다. 폭풍에 맞서 정면으로 날개각을 세우고 기다리다가 폭풍의 힘을 이용해 하늘로 높이 날아 오른 뒤 오히려 폭풍을 내려다본다고 합니다. 폭풍을 두려워하는 것이 아니라 극복한다는 것입니다. 하나님을 앙망하면 하나님께서 그 힘과 용기를 주십니다.

여기에서 또 하나 우리가 기억할 것이 있는데요, 그것은 우리가 막다른 골목이라고 생각할 때, 인간적으로 도저히 소망이 없는 것처럼 보일 때, 그래서 너무 힘들고 지치게 될 때 그 때가 광야의 마지막 과정이라는 것입니다. 항상 새벽이 가까울수록 밤은 가장 깊은 것입니다. 또한 그 때가 오늘 본문의 다윗처럼 하나님을 가장 강력하게 경험할 수 있는 기회입니다. 마치 독수리 새끼가 훈련받을 때 땅에 거의 떨어질 때 쯤 어미가 와서 낚아채주는 것과 같은 경험을 하게 된다는 것입니다. 바울은 고린도후서 1:8-10에서 이렇게 고백합니다.

> 형제들아 우리가 아시아에서 당한 환난을 너희가 모르기를 원하지 아니하노니 힘에 겹도록 심한 고난을 당하여 살 소망까지 끊어지고 우리는 우리 자신이 사형 선고를 받은 줄 알았으니 이는 우리로 자기를 의지하지 말고 오직 죽은 자를 다시 살리시는 하나님만 의지하게 하심이라 그가 이같이 큰 사망에서 우리를 건지셨고 또 건지실 것이며 이 후에도 건지시기를 그에게 바라노라

하나님께서 우리에게도 이 고백을 하게 하실 줄 믿습니다.

오늘 본문에서 다윗의 모습을 통해 우리에게 교훈하는 또 한 가지는 어떠한 상황에서도 우리의 생각과 판단에 따라 어떤 것을 결정하지 말아야 한다는 것입니다. 대신에 모든 상황에서 항상 주님께 묻고 주님의 인도하심을 따라 결정해야 한다는 것입니다. 여러분, 우리가 어떤 것을 결정할 때 꼭 기억해야 할 신앙의 원리가 있습니다. 그것은 오늘 본문의 다윗처럼 직면하고 있는 상황 때문에 두려운 마음이 있을 때는 절대 어떤 것을 결정하지 않는 것입니다. 왜냐하면 두려움은 하나님께서 주시는 마음이 아니기 때문입니다(딤후 1:7). 상황에 눌려서 두려운 마음으로 어떤 것을 결정하면 반드시 후회하게 되어 있고 또한 원치 않는 더 큰 어려움이 대기되어 있습니다. 그렇기 때문에 직면하고 있는 상황 때문에 두려움이 생기면 어떤 것을 결정하지 말고 먼저 믿음을 회복하는 것이 필요합니다. 하나님께서 믿음과 힘과 용기를 회복시켜 주시면 그 때 주님의 인도하심을 따라 결정해야 합니다. 고린도전서 10:13입니다.

> 사람이 감당할 시험 밖에는 너희가 당한 것이 없나니 오직 하나님은 미쁘사 너희가 감당하지 못할 시험 당함을 허락하지 아니하시고 시험 당할 즈음에 또한 피할 길을 내사 너희로 능히 감당하게 하시느니라

믿음을 따라 결정하면 하나님께서 예비하신 피할 길이 보일 줄 믿습니다.

두 부류의 사람: 다윗과 사울

오늘 본문에서 우리는 다윗이라는 사람과 사울이라는 사람의 극히 대조적인 모습을 보게 됩니다. 오늘 본문을 보면, 27장에서 다윗에 대한 이야기가 나오고 28장은 사울의 이야기가 나옵니다. 29-30장은 다시 다윗의 이야기가 나오고 31장은 다시 사울의 이야기가 나옵니다. 이러한 구조는 다윗과 사울을 비교하려는 의도를 보여줍니다.

여기에서 먼저 우리가 생각할 것이 있습니다. 오늘 본문을 보면 하나님께서는 다윗이 자신의 생각을 따라 블레셋으로 가야겠다고 결정했는데 막지 않으시고 그냥 허용하셨습니다. 다윗이 광야 생활을 시작할 즈음에는 블레셋으로 망명하는 것을 허용하지 않으셨는데, 이 때는 허용하신 것입니다. 왜 그렇죠? 앞에서 말씀드린 것처럼 만약 처음에 망명 생활이 허용되었다면 광야 생활의 의미가 반감되었기 때문입니다. 이제는 이스라엘의 왕이 되기 전 광야 생활을 마무리하는 과정 중에 있습니다. 처음과는 달리 이제는 그들만의 독립된 공간에서 왕으로서 마지막 점검하는 것도 필요하다고 판단하셨기 때문입니다.

우리가 자녀들을 키울 때를 생각하면 쉽게 이해될 것 같습니다. 자녀들이 어렸을 때에는 허용하지 않지만 어느 정도 장성하면 같은 일도 허용할 때가 있습니다. 왜냐하면 그 과정에서 실수도 하고 어려움을 겪을지라도 그것이 그 아이에게 유익이 된다고 판단하기 때문입니다. 그러나 그 때는 평상시보다도 훨씬 더 관심을 가지고 지켜보다가, 크게 위험을 당하면 가서 도와줍니다. 오늘 본문이 바로 그런 상황입니다. 하나님께서는 다윗의 잘못된 결정을 허용하셨지만 큰 위기의 상황에 처하게 되니까 피할 길을 열어주셨습니다. 뿐만 아니라 마지막에는 믿음을 회복하게 하시고 다시 한 번 하나님의 놀라운 은혜를 경험하게 하셨습니다. 요약하면, 하나님께서는 다윗이 실수하고 잘못함에도 불구하고 변함없이 그를 지켜주시고 인도하셔서 모든 것이 그에게 유익되게 하시고 모든 것이 합력하여 아름답게 선을 이루어 가셨던 것입니다.

이 때만 그런 것이 아닙니다. 그러한 은혜는 광야의 과정 전체를 통해서 그리고 그의 인생 전체를 통해 나타났습니다. 다윗은 많은 실수도 하고 잘못도 했습니다. 그럴 때마다 하나님께서는 항상 강권적인 은혜로 또는 필요에 따라 돕는 자를 허락하셔서 그를 선하게 인도하시며 더욱 굳세게 세워가셨습니다.

오늘 본문을 보면 그러한 다윗과 대조되는 사울의 모습을 보여줍니다. 사울은 계속 하나님을 벗어나서 비참하게 살다가 비참하게 인생의 마지막을 맞게 됩니다. 하나님께서는 꿈으로도 우림으로도 선지자로도 사울에게 나타나지 않으셨습니다. 하나님께서 어떠한 방법으로도 그에게 나타나지 않으시니까 그는 변장을 하고 신접한 여인을 찾아갔습니다. 결국 전쟁에서 패배하고 스스로 목숨을 끊는 비참한 마지막을 맞이하였습니다. 물론 구원의 문제는 어느 누구도 판단할 수 없지만 저는 기본적으로 사울이 구원에 있어서는 버림받았다고 생각지 않습니다. 자살한다고 구원을 못 받는 것은 아닙니다. 그럼에도 불구하고 한 인간으로서 사울의 삶은 보면 참으로 비참하고 측은하게 생각됩니다.

그러면 부족하고 잘못을 함에도 불구하고 계속 지켜주시고 인도해주셨던 다윗과는 다르게 사울의 왕으로서의 버림받음과 비참한 죽음은 어떻게 이해해야 합니까? 먼저 물어보겠습니다. 여러분, 다윗의 경우가 일반적인 경우입니까? 아니면 사울의 경우가 일반적인 경우입니까? 다윗의 경우가 일반적인 경우이고, 사울의 경우는 특별한 경우입니다. 우리는 하나님의 뜻과 섭리를 다 알 수는 없습니다. 성경이 분명하게 말씀하는 것 하나는 하나님께서 특별한 목적을 위해서 이렇게 강퍅하게 하거나 내버려 두시는 사람들도 있다는 것입니다. 물론 그것이 하나님의 백성인 우리에게 적용되지는 않습니다.

사랑하는 성도 여러분!
오늘 본문의 다윗을 통하여 하나님께서는 택하신 자를 끝까지 선하게 인도하심을 보여주셨습니다. 우리도 비록 다윗처럼 부족하고 연약하고 실수하여도 하나님께서 우리를 택하셨기 때문에 우리 인생의 마지막까지 선하게 인도해 주실 줄 믿습니다. 아멘입니까? 물론 우리가 잘못하면 혼을 내시기도 하십니다. 그 때조차도 하나님께서 모든 것을 합력하여 선을 이루실 줄 믿습니다. 왜 그렇습니까? 그것은 로마서 5장에서 말씀하신 것처럼 하나님께서는 우리가 연약할 때도, 죄인이었을 때도, 원수와 같이 되었을 때도 우리를 여전히 사랑하시기 때문입니다.

뿐만 아니라 오늘 본문을 통해 다윗의 다윗 됨이 하나님의 은혜임을 보여주셨습니다. 광야의 과정에서 그리고 그의 인생 전체에서 그도 우리와 똑같이 부족한 사람이었지만 하나님께서는 은혜로 다윗을 다윗 되게 하셨습니다. 다윗만 그렇습니까? 우리 모두도 우리의 우리 된 것이 하나님의 은혜인 줄 믿습니다. 하나님의 은혜가 아니었으면 우리 가운데 지금 이 자리에 있을 사람이 누가 있겠습니까?

저도 지금까지 살아오면서 하나님께서 너무도 분명하고 철저히 깨닫게 하시고 경험케 하시는 것이 바로 이 부분이었습니다. 하나님께서는 제가 한 과정 한 과정을 지날 때 마다 꼭 브레이크를 거셨습니다. 그러면서 모든 것이 나의 능력이나 지혜로 된 것이 아니고 하나님의 은혜와 인도하심으로 된 것을 온전히 깨닫고 고백하게 하셨습니다.

그런데 그렇게 은혜 받은 자에게 요구하시는 것이 있습니다. 그것은 은혜에 합당한 삶입니다. 물론 은혜에 합당한 삶은 다양한 관점에서 접근할 수 있는데, 오늘 본문이 말씀하는 것은 전리품을 나누는 삶입니다. 오늘 본문 30:22를 보면 전쟁에 참여하지 않는 자들과 전리품을 나누지 않으려고 하는 사람들이 있었습니다. 본문은 그들을 악한 자와 불량배들이라고 하였습니다. 자신들의 노력이 있었지만 그것은 전적으로 주님의 은혜이기 때문에 나누는 것이 지극히 당연하다는 것입니다.

여러분, 지금 우리가 가지고 있는 모든 것은 전리품인 줄 믿습니다. 물론 우리가 수고하고 노력하였지만 그것은 모두 하나님의 은혜의 선물인 줄 믿습니다. 우리가 가진 전리품이 모두 하나님의 은혜의 선물이라면 하나님께서 우리에게 주신 전리품을 필요한 사람들에게 나누는 것이 은혜에 합당한 삶인 줄 믿습니다. 또한 그렇게 살면 하나님께서 더욱 풍성한 하나님의 은혜를 경험하게 하실 줄 믿습니다.

말씀을 맺겠습니다.

오늘 본문은 두 부류의 신앙과 삶 그리고 두 부류의 사람에 대해서 말씀하고 있습니다. 먼저 다윗을 통해 크게 대조되는 두 종류의 신앙과 삶을 보여주고 있습니다. 다윗의 대조되는 모습을 통해 하나님께서는 힘들고 지친 상황에서도 두려움 때문에 자신의 판단을 따라 살지 말기를 권면하십니다. 대신에 하나님 안에서 모든 상황을 보고 하나님이 주시는 힘과 용기로 하나님께서 인도하시는 삶을 살 것을 교훈하셨습니다. 또한 오늘 본문은 크게 대조되는 다윗과 사울의 삶을 보여주셨습니다. 사울은 비참하게 최후를 맞는 삶이었지만 다윗은 합력하여 선을 이루시는 은혜가 충만한 삶이었습니다. 뿐만 아니라 다윗의 다윗 됨이 하나님의 은혜임을 보여주셨습니다. 다윗에게 임했던 은혜가 우리 모두에게도 임하기를 간절히 바랍니다.

사무엘하 1-5장(삼하 5:1-5)
작가요 연출가이신 하나님

 계속해서 다윗의 생애를 살펴보고 있는데요, 오늘은 사무엘하 1-5장을 보겠습니다. 본문을 짧게 잡아서 좀 더 자세하게 살펴보면 좋겠지만, 이렇게 여러 장을 함께 개괄적으로 보는 것도 나름대로 유익한 부분이 있는 것 같습니다.

 하나님께서는 기적적으로 이스라엘을 출애굽 시키시고, 40년의 광야 생활을 거쳐, 약속의 땅 가나안으로 인도하셨습니다. 그런데 이스라엘은 하나님의 놀라운 은혜와 사랑을 망각하고 계속해서 죄를 지으면서 하나님을 실망시켰습니다. 하나님께서는 우리가 사랑하는 자녀들에게 하는 것처럼 이스라엘을 징계했습니다. 이스라엘은 징계를 경험한 후에 다시 하나님께 돌아왔습니다. 하지만 마치 개가 토한 것을 다시 먹는 것처럼 이스라엘은 시간이 지나면 또 다시 같은 죄를 범했습니다. 소위 '죄-심판-은혜'의 과정이 반복되었습니다. 그렇게 이스라엘이 어려움을 겪는 과정에서 계속적으로 요구하는 것이 있었습니다. 그것은 '이방 나라들처럼' 자기들을 다스릴 인간 왕이 있었으면 하는 것이었습니다. 이방 나라들처럼 왕을 요구한 그들의 의도와 동기가 잘못되었지만,

왕정 제도 자체는 나쁜 것이 아니었기 때문에 하나님께서는 왕정 제도를 허락했습니다. 첫 번째 왕으로 우리가 잘 아는 사울을 세 워졌습니다. 사울 왕이 초심을 잃어버리고 불순종하였기 때문에 하나님께서는 사울을 대신 할 왕으로 다윗을 택하셨습니다. 일개 시골의 목동이었던 다윗은 골리앗을 무너뜨리므로 약관의 나이에 일약 스타가 되었습니다. 그러나 하나님께서는 곧바로 사울을 폐 하고 다윗을 왕으로 즉위시키지는 않았습니다. 사무엘상 21-31 장에서 보았던 것처럼, 하나님께서는 10년 이상의 결코 짧지 않은 기간 동안 다윗에게 광야의 삶을 살게 하셨습니다.

다윗은 광야 생활의 마지막 일 년 사 개월을 블레셋의 시글락 이라는 곳에서 보냈습니다(삼상 27:7). 그곳에 살면서 이스라엘 과의 전쟁에 참여하라는 블레셋 아기스 왕의 요청을 받고 가드 지 방에 다녀왔는데, 그 사이에 아말렉이 그들이 살고 있는 시글락을 공격하여 성을 불사르고 가족들을 포로로 잡아갔습니다. 그것을 본 다윗과 이스라엘 백성들은 울 기력이 없을 정도로 크게 소리 내어 울었습니다. 그 충격이 너무도 커서 심지어 어떤 사람들은 다윗을 돌로 쳐서 죽이려고 까지 했습니다. 하나님의 은혜와 인도 로 다윗은 아말렉을 공격하여 포로로 잡혀갔던 가족들을 구출하 였을 뿐 아니라 전리품을 가지고 다시 시글락으로 돌아왔습니다. 이것이 지난번까지 우리가 살펴보았던 내용입니다.

드디어 왕이 되다

이제 본문을 보겠습니다. 1:1입니다.

사울이 죽은 후에 다윗이 아말렉 사람을 쳐 죽이고 돌아와 다
윗이 시글락에서 이틀을 머물더니

　시글락에 돌아왔는데 아말렉 사람 한 사람이 다윗에게 와서 자신이 사울을 죽이고 왕관과 팔 고리를 가지고 왔다고 하였습니다. 그것은 거짓말이었습니다. 사무엘상 31장을 보면, 사울은 자살했습니다. 그 사람은 그동안 사울이 다윗을 죽이려고 했던 사실을 알았던 것 같습니다. 자기가 정적(政敵)이었던 사울을 죽였다고 하면 다윗이 자기를 칭찬하면서 상을 줄 것으로 기대했던 것 같습니다. 그러나 다윗은 그 사람을 사형에 처합니다. 왜냐하면 다윗은 여호와의 기름부음을 받은 자를 죽이는 것은 하나님 앞에 큰 죄라고 판단했기 때문이었습니다(1:16). 그것은 하나님의 주권을 인정하지 않는 것이었습니다. 다윗은 사울과 요나단을 위한 애가를 부릅니다. 구구절절이 진정한 슬픔과 애통함이 느껴집니다(삼하 1:19, 24-27).

　다윗은 조국 이스라엘로 돌아가야 하는지 하나님께 묻습니다(2:1). 하나님께서 유다 족속이 살고 있었던 헤브론으로 돌아가라고 합니다. 헤브론은 아브라함이 땅을 사서 자기 아내 사라를 장사했던 곳입니다. 또한 여호수아 14-15장을 보면 갈렙이 가나안을 정복할 때 여호수아에게 요구하였던 땅입니다. 헤브론은 역사적으로 이스라엘 민족에게 아주 의미 있는 곳이었을 뿐 아니라 남방의 전략적 요충지였습니다. 다윗은 그곳에서 기름 부음을 받고 왕이 됩니다. 이 때는 자신이 속한 유다 지파만의 왕이었습니다

(2:4).

한 편 아브넬(사울의 숙부 넬의 아들로서 사울의 사촌이다. 삼상 14:50)이라는 사람이 사울의 아들 가운데 유일하게 남아 있는 조카 이스보셋을 요단 동편 마하나임이라는 곳에서 왕으로 세웁니다(사울의 다른 아들들은 모두 사울과 함께 전쟁에 참여해서 전사했다. 삼상 31장). 그는 이 년 동안 왕의 자리에 있었습니다(삼하 2:10). 다윗은 7년 6개월 동안 헤브론에서 왕이었는데(2:11), 이스보셋이 죽자마자 다윗이 전체 이스라엘의 왕이 되었던 것을 보면 아마 5년 이상 동안 북쪽 이스라엘은 왕이 없었던 것 같습니다. 아마 이스보셋은 지도력이나 능력 면에서 부족한 부분이 많아서 5년 동안이나 왕으로서 인정받지 못하다가 나중에 가까스로 왕이 되었던 것 같습니다.

그 기간 동안 두 나라 사이에는 계속 전쟁이 있었는데, 사울의 집은 점점 약해지고 다윗의 집이 더욱 강해졌습니다(3:1). 그러던 중 아브넬과 이스보셋 사이에 내분이 생겼습니다. 아브넬이 사울의 첩 가운데 한 사람을 취한 것입니다. 이것은 사울을 욕보이는 것이었습니다. 또한 당시 왕의 첩이나 아내를 취하는 것은 일종의 권력 쟁취를 가시적으로 보여주는 것이었습니다(나중에 압살롬도 다윗에게 반역한 후 다윗의 첩들을 범했습니다).[4] 그것을 본 이스보셋이 반발하고, 이스보셋과 아브넬 사이가 틀어집니다. 아브넬은 이스라엘 장로들을 모으고 다윗을 왕으로 추대하기를 제안합니다(3:17-18). 사울의 소속인 베냐민 지파 사람들에게도 동

---

4) 이러한 사실들을 보면, 이스보셋은 그냥 형식적인 왕이었고, 아브넬이 북쪽 이스라엘의 실권을 쥐고 있었던 것 같습니다.

의를 구합니다(3:19). 아브넬은 부하들을 데리고 다윗에게 가서 다윗과 언약을 맺습니다. 다윗은 아브넬과 부하들에게 잔치를 배설하고 돌려보냅니다(3:20-21).

한 편 전쟁에 나갔다 돌아온 요압이 아브넬이 왔다가 갔다는 사실을 알았습니다. 요압은 뒤쫓아 가서 아브넬을 죽여 버립니다(3:27-30). 아마 두 가지 이유가 있었던 같습니다. 하나는 동생 아사헬에 대한 복수였습니다. 3:30; 2:18-23을 보면 북쪽 이스라엘과 남쪽 다윗의 나라가 전쟁하는 과정에서 요압 장군의 동생인 아사헬이 아브넬에게 죽임을 당했던 것입니다. 또 하나는 시기 또는 질투가 작용했던 것 같습니다. 만약 아브넬이 주도해서 나라가 통일되면 아브넬에게 많은 권력이 주어질 것은 당연한 것이었기 때문에 2인자인 자신의 자리가 위협받을 가능성이 많았습니다. 그 사건이 온 이스라엘 사람들의 마음을 힘들게 한 것 같습니다. 이스보셋은 손의 맥이 풀렸고, 이스라엘은 모두 놀랐다고 했습니다(4:1). 물론 그동안 아브넬이 썩 잘한 것은 아니었고 다윗을 왕으로 삼고자 하는 것에는 어느 정도 인간적인 욕심도 있었음을 부인할 수 없습니다. 그러나 아브넬은 민족의 하나 됨 또는 통일을 위해서 노력하고 있는 북쪽 이스라엘의 대표자였는데 그 사람을 죽인 것은 다 된 밥에 재를 뿌리는 격이었습니다. 뿐만 아니라 사람들은 다윗이 아브넬을 죽인 주동자로 생각했습니다. 다윗은 악하거나 덕이 없는 지도자로 인식되었고, 모든 것이 무산될 위기에 놓였습니다. 그러한 상황에서 다윗은 아브넬의 죽음과 관련하여 식음을 전폐하고 애가를 부릅니다(3:33). 이스라엘 사람들은 다윗이 아브넬을 죽이지 않았음을 알았고, 또한 다윗의 진심을 알게 됨으로 다윗에 대해 좋은 감정을 갖게 되었습니다(3:36-37). 실제로 요압은 다윗이 어떻게 할 수 없는 통제 밖의 사람이었습니다(3:39).

그 과정에서 바아나와 레갑이 이스보셋을 죽입니다(4:2, 5 6). 그들은 이제 상황이 다윗에게 거의 기운 것으로 판단했고, 어떤 면에서는 이스보셋이 통일에 걸림돌이 될 것이라고 생각했던 것 같습니다. 그들은 자신들이 이스보셋을 죽인 것을 다윗에게 가서 알리면 다윗이 상을 줄줄 알았습니다. 그 이야기를 들은 다윗은 대노하면서 오히려 그들을 죽여 버립니다(4:10-12).

이제 다윗은 모든 사람이 만족하고 기뻐하는 가운데 온 이스라엘의 왕이 되었습니다(5:1-5). 다윗이 왕이 된 다음에 가장 먼저 한 일은 예루살렘을 정복한 것이었습니다(5:6-7). 예루살렘은 당시 여부스 사람들이 지배하고 있었는데 처음 가나안을 정복할 때도 정복하지 못한 곳이었습니다. 예루살렘은 삼면이 골짜기로 되어 있어서 지형적으로 공격하기가 결코 쉽지 않았습니다. 여부스 사람들은 다윗을 향하여 맹인과 저는 자라도 너희들을 물리칠 것이라고 비아냥거리기까지 했습니다. 다윗은 결국 예루살렘을 점령하였고, 그 성을 '다윗 성'이라고 명명하며 통일 왕국의 수도로 삼았습니다. 다윗은 예루살렘이 통일 이스라엘을 다스리기에 가장 적절한 장소로 판단했던 것 같습니다. 헤브론은 이스라엘 역사에 있어서 의미가 있는 곳이지만 남쪽에 치우쳐 있었습니다. 그렇다고 북쪽 지방의 한 곳을 수도로 정하는 것도 문제가 있었습니다. 또한 당시 예루살렘은 여부스 사람들이 지배하고 있었기 때문에 이스라엘 지파 간에 이해관계도 없는 곳이었습니다. 삼면이 골짜기로 둘려 쌓인 천연의 요새요, 지역적으로도 중앙에 위치한 예루살렘을 수도로 정한 것은 지혜로운 결정이라고 할 수 있습니다. 그 와중에 블레셋이 이스라엘을 공격하였습니다. 초반에 기선을 제압하고자 함이었던 같습니다. 그러나 하나님의 인도하심을 따라 대승을 거두게 됩니다(5:19). 중과부적이었는데, 하나님의 명령과 작전 지시를 따라 이스라엘은 마치 물을 흩음같이 넉넉하게 승리할 수 있었습니다(5:20). 여기까지가 사무엘하 1-5장까지의 내용입니다. 좀 이해되셨나요?

1-5장까지의 내용을 한 마디로 요약한다면 어떻게 하시겠습니까? 저는 '드디어 다윗이 왕이 되었다!' 라고 하는 것이 가장 적절할 것 같습니다. 원래 다윗은 하나님 앞에서 중심이 바른 사람이었고, 믿음의 사람이었습니다. 10대의 소년이었지만 믿음 안에서 골리앗을 무너뜨릴 정도였습니다. 또한 약관의 나이였지만 많은 전쟁에서 승리를 가져오는 놀라운 지도력을 발휘하기도 하였습니다. 그럼에도 불구하고 하나님께서는 10년 이상의 결코 짧지 않은 기간 동안 그에게 광야를 경험하게 하셨습니다. 또한 7년 6개월 동안 헤브론을 중심으로 한 조그만 지역에서 자신이 속한 지파의 왕이 되었습니다. 이제 드디어 처음 약속한 지 약 20년이 지나서 모든 백성들이 기뻐하고 만족해하는 가운데 나라 전체의 왕이 된 것입니다.

작가요 연출가이신 하나님

그러면, 이제 질문 하나 하겠습니다. 지금까지 우리는 다윗이 왕이 될 때까지의 과정들을 보았는데요, 지금까지의 과정을 보면서 무슨 생각이 드십니까? 또는 느낀 점을 써보라고 하면 무엇이라고 쓰시겠습니까? 특별한 생각이나 느낌이 없습니까? 그저 '다윗이 이렇게 왕이 되었구나!' 하는 정도입니까? 그렇지는 않겠죠?

지에게 느낀 점을 말하라고 하면, 저는 다윗이 왕이 되는 과정은 "마치 한 편의 드라마 같다"고 말할 수 있을 것 같습니다. 다윗이 왕이 되는 과정을 보면 아주 드라마틱한 영화나 소설을 보는 것 같지 않습니까? 영화나 소설에서 주인공이 모함을 받고 도망 다니면서 어려움을 당하고, 여러 차례 죽음의 고비를 넘긴 후에 영광스러운 자리에 이르게 되는 드라마틱한 요소들과 반전이 다윗이 왕이 되는 스토리에 있지 않나요? 물론 앞으로 남아 있는 다윗의 생애에 더 많은 이야기들이 있지만, 지금까지 우리가 살펴보았던 다윗이 왕이 되기까지의 생애만을 가지고도 여러 편의 영화가 만들어질 정도의 많은 극적인 과정들이 있었습니다. 하나님께서 그러한 극적인 과정들을 거쳐 드디어 다윗을 왕이 되게 하셨습니다.

여기에서 또 한 가지 질문을 하겠습니다. 다윗이 왕이 되기까지의 과정을 보면서 여러분에게 가장 크게 은혜가 되고 감동되는 것은 무엇입니까? 자신의 모든 것을 내려놓고 친구를 보호하고 왕으로 세우려고 했던 요나단의 깊은 우정입니까? 오랜 기간 동안 600명의 부하들을 이끌고 광야 생활을 잘 견딘 다윗의 탁월함이나 리더십입니까? 아니면 자신을 죽이려고 하는 사람을 살려준 다윗의 인간 됨됨이 입니까? 물론 그러한 부분들도 우리를 어느 정도 감동시킬 수 있습니다.

다윗이 왕이 되기까지의 드라마에서 저를 가장 크게 감동시키고 감격스럽게 하는 것은 요나단이나 다윗과 같은 등장인물들이 아닙니다. 다윗이 왕이 되는 드라마틱한 과정들을 보면서 다시 한 번 저의 마음이 뜨거워지고 은혜가 되고 감동이 되는 것은 바로 우리 하나님이십니다. 다윗의 인생 드라마 무대 배후에서 드라마틱한 과정을 통해 다윗을 왕이 되게 하신 작가이시고 연출가이신 하나님에 대해서 깊이 묵상하고 생각하고 저 자신에게 적용하게 되었습니다. 그래서 오늘 설교 제목을 '작가이시고 연출가이신 하나님' 이라고 정했습니다.

사랑하는 여러분!
다윗은 시골에서 양을 치던 목동이었습니다. 부모조차도 그에게 큰 기대를 하지 않았던 평범한 소년이었습니다. 그에게 우리 인간들이 볼 수 없는 대기만성형의 내재된 탁월한 능력과 지도력이 있었는지는 모르겠습니다. 만에 하나 그것을 인정한다고 할지라도, 시골에서 목동으로 살다가 평범하게 인생을 마칠 수밖에 없었던 한 소년 다윗을 주권적으로 택하여 기름을 부으시고 그를 무대의 주인공으로 올리신 분은 하나님이셨습니다. 그리고 20년 가까이 주권적으로 산전수전의 훈련 과정을 거치게 하신 후에 드디어 모든 사람들의 축하와 기쁨 속에서 왕이 되게 하신 것도 역시 하나님이셨습니다. 하나님께서는 다윗 인생 스토리의 작가셨고 연출가셨습니다.
하나님께서는 다윗 뿐 아니라 우리 모두가 지금 살아가고 있는 인생 스토리의 시나리오를 이미 쓰신 작가이심을 믿습니다. 또한 하나님께서는 지금 우리 일생과 관련하여 당신이 쓰신 그 시나리오를 아름다운 드라마로 만들고 계시는 연출가이신 줄 믿습니다. 여러분, 하나님께서 우리 인생 스토리의 작가요 연출가라는 것은 무엇을 의미하는 거죠? 그것은 우리 모두는 어느 한 사람 예외 없이 우리 인생 전체가 작가이신 우리 하나님의 의도와 계획과 섭리 가운데 있다는 것을 말씀합니다. 또한 우리가 지금 처해 있는 상황과 경험하는 모든 것에는 연출가이신 우리 하나님의 관여하심이 있음을 의미합니다.

성경은 이 부분에 대해 너무도 분명하게 말씀합니다. 성경은 참새 한 마리가 땅에 떨어지는 것도 하나님의 허락 없이는 떨어지지 않고, 우리의 머리카락까지 세시는 하나님이시라고 하시면서 우리가 참새보다 귀하다고 말씀하십니다(마 10:29-31; 눅 12:6-7). 사도 바울도 로마서 11:36에서 "이는 만물이 주에게서 나오고 주로 말미암고 주에게로 돌아감이라"이라고 고백했습니다.

물론 하나님께서는 우리 인생의 과정 과정에서 우리가 다 이해하지 못할 일들도 경험하게 하십니다. 때로는 감당하기 어려운 일도 만나게 하시고, 때로는 마치 모든 것이 끝날 것 같은 절체절명의 위기도 경험하게 하십니다. 때로는 도저히 감당이 안 되는 이상한 사람들을 붙여주시기도 합니다.

그런데 여러분, 우리가 소설을 읽거나 영화를 보면 전혀 이해되지 않거나 엉뚱하게 보이는 일들이 나중에 의도가 밝혀지고 그 일들의 의미가 부여되는 것을 봅니다. 마찬가지입니다. 우리가 경험하는 모든 상황과 사람들도 마찬가지입니다. 지금은 다 이해되지 않아도 우리가 경험하는 모든 것에 작가이시고 연출가이신 하나님의 뜻과 섭리와 관여하심이 계신 것을 우리는 믿어야 합니다.

지금까지 저의 인생을 뒤돌아보면서 중간 결산을 해보면, 하나님께서는 지금까지 저의 인생 스토리의 작가요 연출가이신 것을 고백하지 않을 수 없습니다. 교회는 다녔지만 무신론자였던 저에게 건강의 어려움을 주셔서 예수님을 알게 하셨고, 고3을 마칠 때쯤 신학을 하기로 결심하게 하셨습니다. 그 후에도 많은 훈련의 과정을 거쳐 지금 이 자리에 이르게 하셨는데요, 물론 작가이시고 연출가이신 하나님의 의도를 모르고 낙심할 때도 원망할 때도 있었습니다. 그런데 신앙생활을 하면서 갈수록 더욱 깊이 그리고 더욱 세밀하게 그리고 더욱 분명하게 경험되고 고백되는 것은 저의 인생 스토리의 크고 작은 모든 일들 속에 작가이고 연출가이신 하나님의 계획과 섭리와 관여하심이 있다는 것입니다.

다윗만 그런가요? 저만 그런가요? 여기에 있는 어느 한 사람 예외 없이 여러분의 인생 모든 과정과 모든 순간에 작가이시고 연출가이신 하나님의 뜻과 섭리와 관여하심이 있음을 믿습니다.

저는 하나님께서 우리 인생의 작가이시고 연출가이신 것을 확실히 깨닫고 믿고 의지하는 순간부터 신앙생활의 진정한 기쁨과 감사가 시작된다고 믿습니다. 뿐만 아니라 하나님께서 우리 인생의 작가이시고 연출가이신 것을 깨닫고 신뢰하게 되면 인생 전체와 현재 경험하는 삶의 모든 상황에 대한 기대감과 소망이 생기기 시작합니다. 어떤 기대감과 소망이 생기나요? '인생 전체와 지금 경험하는 모든 상황이 해피 엔딩으로 끝날 것이라'는 믿음과 소망이 생깁니다. 그 믿음과 소망이 있었기 때문에 저는 저의 인생의 가장 어둡고 암울했던 20대 때도 작가이시고 연출가이신 하나님께서 저의 인생 전체를 분명히 해피 엔딩으로 인도하실 것을 믿었습니다. 뿐만 아니라 지금 경험하는 모든 상황도 새드 엔딩(sad ending)이 아니라 해피 엔딩으로 끝나게 하실 것이 분명히 믿어집니다. 이 믿음이 우리 모두에게 있기를 간절히 소원합니다.

우리는 로봇인가?

하나님께서 작가요 연출가라고 이야기하면, 혹시 우리 가운데 우리는 그냥 허수아비나 로봇은 아닌가 라고 생각하실 수 있습니다. 결코 그렇지 않습니다. 하나님께서 작가이시고 연출가이시면 우리는 누구죠? 우리는 하나님의 작품 속에 배우입니다. 여러분! 배우가 할 일은 뭐죠? 배우가 할 일은 내게 맡기신 배역을 최선을 다해 감당하는 것입니다. 물론 어떤 분들에게는 주연급의 배역을 주시기도 하시고, 어떤 분들에게는 조연급이 배역을 주시기도 하시고, 어떤 분들에게는 엑스트라의 배역을 주시기도 하십니다.

우리 가운데는 없겠지만 어떤 분들에게는 안타깝게도 악역을 담당하게도 하십니다. 작가이시고 연출가이신 하나님께서 우리에게 원하시는 것은 배역의 비중과는 상관없이 우리에게 맡겨진 배역을 최선을 다해 감당하는 것입니다. 그와 관련한 대표적인 말씀이 소위 '달란트 비유' 아닙니까? 혹시 우리 가운데 자신에게 맡겨주신 배역에 원망이나 불만이 있는 분들이 있을지 모르겠습니다. 원망이나 불만이 있으면 절대로 바르게 배역을 감당할 수 없습니다. 우리 모두가 맡겨주신 배역의 비중과는 상관없이 단지 우리에게 맡겨주신 배역에 최선을 다할 수 있기를 소원합니다.

배역과 역할이 완전히 고정된 것은 아니다

또 한 가지, 우리는 우리 인생 드라마의 배역과 역할의 비중이 완전히 고정된 것은 아니라는 사실을 기억해야 합니다. 어떤 드라마를 보면 드라마가 진행되면서 배역의 비중이 작가나 연출가들이 처음 의도했던 것과는 달라지는 경우가 종종 있습니다. 어떤 드라마에서는 전혀 예상하지 않았는데 나중에 조연이 주연보다 더 빛나는 경우도 있습니다. 반드시 동일하지는 않지만 같은 원리가 우리 인생 드라마에도 적용된다고 생각합니다. 쉽게 이야기하면, 하나님께서 우리에게 맡기신 배역에 최선을 다하다 보면 종종 우리 배역의 비중을 높여 주시기도 하시고, 조연이지만 때로는 주연보다도 빛나는 역할을 감당하게도 하신다는 것입니다. 그 성경적 근거가 무엇입니까?

성경을 보면, 종종 '하나님께서 후회하셨다' 는 말씀을 합니다. 가장 가까운 예로 하나님께서 사울을 왕으로 세운 것을 후회하셨다고 말씀하셨습니다(삼상 15:11). 물론 하나님께서 후회하셨다는 것과 우리가 후회하는 것은 차원이 다릅니다. 우리 하나님 자신은 변함이 없으십니다. 우리 인간은 변화무쌍합니다. 하나님께서 후회하신다는 말씀은 변화무쌍한 우리가 하나님을 많이 실망시킬 때 하시는 말씀입니다. 하나님께서 맡겨준 배역에 기대에 못 미친 우리 인간의 모습을 보시고 안타까워하실 때 후회하신다는 단어로 표현하십니다. 작가이시고 연출가이신 하나님께서 후회하신다는 표현을 통해서 우리의 배역을 바꾸실 수도 있고, 배역의 비중도 바꾸실 수도 있음을 보여주고 있습니다. 저는 우리 모두가 맡겨주신 배역에 최선을 다함으로 하나님의 후회함이 되지 않고 하나님의 기쁨이 되기를 간절히 소원합니다.

그러면 이제 석용의 측면에서 작가이시고 연출가이신 하나님을 믿는 우리가 어떻게 살아야 할지 오늘 본문을 통해서 교훈을 받고자 합니다.

하나님보다 앞서지 않아야 한다.

먼저, 작가이시고 연출가이신 하나님을 믿게 되면 우리는 하나님보다 앞서지 않게 됩니다. 다시 말해, 스스로 또는 억지로 무엇이 되려고 하거나 또는 인간적인 수단과 방법으로 무엇을 하려고 하지 않는다는 것입니다. 우리가 지금까지 계속 보았던 대로 다윗은 자신을 죽이려는 사울을 직접 맞대응하지 않았습니다. 얼마든지 죽일 수 있는 기회가 있었지만 그렇게 하지 않았습니다. 오히려 사울을 죽였다고 거짓말 한 사람을 사형에 처했습니다. 자신이 통일 왕국의 왕이 되는데 방해가 되는 이스보셋의 죽음도 그렇게 기뻐하지 않았습니다. 오히려 이스보셋을 죽였던 사람들을 악을 행한 사람들로 간주하고 처벌하였습니다. 왜 그렇게 할 수 있었습니까? 그것은 시나리오를 쓰시고 그것을 연출하시는 하나님의 주권과 섭리를 믿었기 때문입니다. 실제로 하나님께서 적당한 때에 사울은 블레셋에 의해 죽임을 당하게 하시고, 북 이스라엘은 자중지란으로 무너지게 하셨습니다.

여러분, 우리도 마찬가지입니다. 우리도 살아가면서 애매하게 우리를 힘들게 하는 사람들을 만납니다. 우리의 앞길에 방해가 되고 장애가 되는 것처럼 보이는 사람들도 만납니다. 지금 우리 가운데도 그런 어려움에 처한 분들이 계실 것입니다. 그런 일을 당하면 우리는 본성적으로 맞대응하고 보복하고 싶은 마음이 생깁니다. 그렇지 않나요? 그러나 작가이시고 연출가이신 하나님을 믿으면 그러한 사람들에게 분을 내면서 인간적으로 맞대응하지 않게 됩니다. 두 가지 이유 때문입니다. 먼저는 우리 앞길을 막는 사람들이 있다고 해도 우리의 길이 막히거나 그들이 원하는 대로 일들이 결코 일어나지 않고 작가이신 하나님께서 쓰신 극본대로 연출가이신 하나님께서 모든 것을 이루실 것을 믿기 때문입니다. 다음으로, 분을 내면서 맞대응하거나 내가 복수하지 않더라도 잠잠히 하나님을 바라보면 작가이시고 연출가이신 하나님께서 하나님의 때에 하나님의 방법으로 자연스럽게 해결해 주실 것을 믿기 때문입니다.

늘 물어보아야 한다

다음으로, 작가이시고 연출가이신 하나님을 믿는다면, 작가이시고 연출가이신 하나님께 늘 물어보아야 합니다. 하나님께서는 우리 인생 스토리의 시나리오도 쓰시고 연출도 하시지만 우리에게 모든 것을 알려주시지는 않습니다. 그렇기 때문에 우리는 자주 선택의 기로에 놓일 때가 많습니다. 그 때 우리는 무엇을 해야 합니까? 그 때 가장 지혜로운 방법은 작가이시고 연출가이신 하나님께 묻는 것입니다. 오늘 본문을 보면, 다윗은 헤브론에 갈 때에도, 블레셋과의 전쟁을 할 때에도 늘 물었습니다. 이 때 뿐 아니라 다윗은 거의 모든 경우에 그랬습니다. 그 때는 늘 승리하고 선한 길로 인도함을 받았습니다. 반대로 자기 생각에 옳은 대로 했을 때가 있었는데 그 때는 늘 실패를 경험했습니다. 하나님께서는 당신에게 물어보시는 것을 참으로 좋아하십니다. 우리도 마찬가지입니다. 물론 오늘날은 하나님께서 이렇게 직접 계시를 주시는 경우는 많지 않습니다. 그러나 우리가 물어볼 때 작가이시고 연출가이신 하나님께서는 다양한 방법으로 우리의 길을 인도하실 줄 믿습니다. 하나님께 물어보는 것은 은혜와 성령이 충만할 때 나타나는 현상인데요, 늘 하나님께 물어보는 은혜가 우리에게 있길 바랍니다.

말씀을 맺겠습니다.

드라마틱한 과정을 거쳐서 다윗은 드디어 왕이 되었습니다. 그렇게 드라마틱한 다윗의 인생 스토리를 기획하시고 연출하셨던 분은 작가이시고 연출가이신 우리 하나님이셨습니다. 우리 하나님은 다윗 뿐 아니라 우리 모든 인생의 시나리오를 쓰신 작가요 연출가이십니다. 우리가 할 일은 우리에게 맡겨주신 배역을 기쁨과 감사함으로 잘 감당하는 것입니다. 또한 하나님께서 작가이시고 연출가이심을 믿는 우리는 결코 하나님보다 앞서지 말아야 하고, 늘 그 하나님께서 물으면서 하나님의 인도하심을 따라 가야할 줄 믿습니다. 이 은혜가 우리 모두에게 임하기를 바랍니다.

사무엘하 6-10장(삼하 7:8-17)
우리는 언약 백성입니다

처음 약속하신지 약 20년 후에, 하나님께서는 하나님의 때에 하나님의 방법으로 모든 사람이 기뻐하는 가운데 드디어 다윗을 온 이스라엘의 왕으로 세우셨습니다. 우리가 계속 보아왔던 것처럼, 다윗이 왕이 되는 과정은 한 편의 드라마와 같았습니다. 그 배후에는 작가이시고 연출가이신 하나님의 기획하심과 연출하심이 있었습니다. 지난주에는 그 부분에 대해 살펴보았습니다. 우리는 하나님께서 다윗 뿐 아니라 우리 모두 인생 스토리의 작가시고 연출자이심을 믿습니다. 저는 하나님께서 우리 인생 스토리의 작가시고 연출자이신 것을 깨닫고 믿을 때부터 신앙생활의 진정한 기쁨과 감격을 누릴 수 있다고 믿습니다. 또한 하나님께서 우리 인생 스토리의 작가시고 연출자이신 것을 믿게 되면, 우리는 인생 전체와 지금 우리가 경험하는 모든 상황에서 '해피 엔딩'을 확신하며 감사하게 될 줄 믿습니다.

그러나 오해하지 말아야 할 것은 우리가 로봇이나 허수아비가 아니라는 사실입니다. 우리는 배우입니다. 배우가 해야 할 가장 중요한 것은 자신에게 맡겨주신 배역을 원망하거나 불평하지 말고 최선을 다해 감당하는 것입니다. 뿐만 아니라 작가요 연출가인 하나님을 믿는다면 우리는 신앙과 삶에 있어서 보다 성숙한 모습을 보여주어야 합니다. 다윗의 모범을 통해 크게 두 가지를 교훈 받을 수 있습니다. 먼저는 우리가 하나님보다 앞서지 않는 것입니다. 왜냐하면, 우리를 위한 하나님의 시나리오가 있음을 믿기 때문입니다. 다음으로 늘 하나님께 물어보는 것입니다.

다윗의 최고의 전성기

이제 본문을 보겠습니다. 6:1-2절입니다.

> 다윗이 이스라엘에서 뽑은 무리 삼만 명을 다시 모으고 다윗이 일어나 자기와 함께 있는 모든 사람과 더불어 바알레유다로 가서 거기서 하나님의 궤를 메어 오려 하니 그 궤는 그룹들 사이에 좌정하신 만군의 여호와의 이름으로 불리는 것이라

지난주에 말씀드린 것처럼, 다윗이 왕이 된 다음에 가장 먼저 한 일은 당시 여부스 족속이 지배하고 있었던 예루살렘을 정복하여 수도로 정하는 것이었는데, 그것은 참으로 지혜로운 결정이었습니다. 다윗은 수도를 예루살렘으로 정한 뒤에 하나님의 궤(성경에서 증거궤, 언약궤, 법궤 등으로 다양하게 불리어지고 있습니다)를 예루살렘으로 모셔 오고자 합니다. 법궤는 '여호와의 이름'으로 불리어졌고, 하나님 임재의 상징이었습니다.

그래서 이스라엘이 광야 생활을 할 때(민 10:33-36), 요단 강을 건널 때(수 3:1-17), 여리고 전쟁 때(수 6:4, 8)에 항상 백성

들의 앞에 서서 백성들을 인도하였습니다. 하지만 사무엘상 4장을 보면, 안타깝게도 블레셋과의 싸움에서 이 법궤를 빼앗겨 버렸습니다. 그것은 이스라엘이 법궤를 마치 요술 방망이처럼 생각하고 이용하려고만 했기 때문이었습니다.

그렇지만 법궤가 블레셋으로 간 다음에 희한한 일들이 벌어졌습니다. 블레셋 사람들이 법궤를 그들의 신인 다곤의 신전에 두었더니 다곤이 여호와의 궤 앞에 경배하는 모습을 보였고, 머리와 손목이 끊겨져 있었습니다. 법궤를 두었던 아스돗 사람들도 독한 종기로 죽게 되었습니다. 옮기는 곳마다(가사, 아스글론, 가드, 에그론) 독한 종기로 그 곳 사람들이 죽게 되었습니다(삼상 5:1-12; 삼상 6:17).

결국 그들은 법궤를 이스라엘 지역인 벧세메스 지방으로 다시 보냈는데, 그곳에서는 사람들이 법궤 안을 들여다보다가 70명이 죽기도 했습니다(삼상 6:19-20). 그 후에 법궤는 기럇여아림의 아비나답의 집으로 옮겼는데, 거기에서 약 70년 정도 있었습니다. 왕이 된 후에 다윗은 하나님 임재의 상징인 법궤를 나라의 중심지인 예루살렘으로 모셔오고자 했습니다. 이를 통하여 다윗은 이스라엘 위에 하나님의 임재가 계속되기를 바랐고, 자신이 아니라 하나님께서 나라를 통치하시기를 간절히 소원하였음을 상징적으로 보여주었습니다.

그런데 법궤를 예루살렘에 가져오는 과정에서 문제가 발생하였습니다. 수레에 싣고 오는데 법궤가 움직이자 웃사가 법궤를 잡았는데 그만 죽고 만 것입니다. 그 이유가 무엇이죠? 민수기 4:15를 보면, 법궤는 수레에 싣고 운반하는 것이 아니라 제사장들이 메고 옮겨야 했습니다. 보통 사람들이 만지면 죽는다고 했습니다. 이것은 성물을 거룩하게 다루도록 하기 위한 조치였습니다. 하나님께서는 이 일을 통해 아무리 선한 일이라도 하나님의 말씀대로 하는 것이 얼마나 중요한지를 보여주셨습니다. 이 사건은 아마 다윗이 통치하는 기간에 많은 도전과 교훈을 주었을 것입니다.

어쩔 수 없이 법궤를 오벳에돔의 집으로 옮겼는데, 하나님께서 오벳에돔의 집에 복을 주셨습니다. 이것은 다시 법궤를 예루살렘으로 옮길 때가 되었음을 알려주신 것이라 할 수 있습니다. 역대상(15:13)을 보면, 다윗도 자신의 잘못을 알게 되어서 말씀대로 제사장들이 메고 예루살렘으로 이동하게 됩니다. 다윗은 어린아이와 같은 기쁨과 즐거움으로 법궤를 예루살렘으로 옮겼습니다(참고. 대상 15:16,25). 이제 하나님께서 사방의 모든 대적들을 물리치시고, 이스라엘에 평강을 주셨습니다. 이 때에 다윗에게 가장 먼저 생각나는 것이 있었습니다. 7장 1-2절입니다.

> 여호와께서 주위의 모든 원수를 무찌르사 왕으로 궁에 평안히 살게 하신 때에 왕이 선지자 나단에게 이르되 볼지어다 나는 백향목 궁에 살거늘 하나님의 궤는 휘장 가운데에 있도다

사무엘하 5:11-12를 보면, 다윗이 왕이 되니까 두로 왕 히람이 다윗을 위해 백향목으로 집을 지어주었다고 했습니다. 다윗은 이제 왕으로서 크고 좋은 궁궐에 살게 되었는데, 하나님의 임재를 상징하는 법궤가 아직 천막에 있었던 것에 대해 마음이 불편했습니다. 다윗은 선한 마음으로 선지자 나단에게 성전을 지었으면 좋겠다고 이야기했습니다. 하지만 밤에 하나님께서 나단에게 나타나

그것을 허락하시지 않았습니다. 역대상 28장(3-6)을 보면, 다윗이 전쟁에서 피를 많이 흘렸기 때문에 안 된다고 하시면서 아들 솔로몬이 성전을 지을 것이라고 말씀하십니다. 하나님께서는 나단을 통해서 8-16절에서 아주 중요한 말씀을 합니다. 내용은 크게 세 가지입니다.

먼저, "내가 네 이름을 위대하게 만들어 줄 것이다(8-9절)."

다음으로, "내가 내 백성 이스라엘을 위해 한 곳을 정하고 그들이 더 이상 옮겨 다니지 않게 할 것이다(10-11절)."

세 번째는 "네 집과 네 나라를 견고하게 세우고, 네 집과 네 나라를 내 앞에서 영원히 보전되고 영원히 견고케 할 것이다(16절)." 다시 말해, 네가 나를 위해 집을 지어주는 것이 아니라 내가 너를 위해 집을 지어주겠고(11절 하), 네 몸에서 날 네 씨를 통해 나라와 왕위를 견고케 하겠으며(12-13절), 죄를 지어도 징계는 있지만 결코 망하게 하지는 않겠다(14-15절)고 약속하십니다.

8장에서는 여러 나라들(블레셋, 모압, 소바, 다메섹, 에돔 등. 13절)들과의 전쟁에서 하나님께서 다윗에게 계속 승리를 주셨음을 말씀합니다(8:6,14). 또한 다윗이 정의와 공의로 나라를 다스렸다고도 말씀합니다(8:15). 9장에서는 다윗이 요나단의 아들 므비보셋을 데리고 와서 자기와 함께 식탁에 앉아서 먹을 수 있는 은혜를 베풀었음을 말씀합니다(참고 삼하 4:4). 므비보셋은 사울과 요나단이 죽었을 때 도망하다가 떨어져 다리가 불구가 된 사람인데, 다윗은 요나단과의 약속을 지키기 위해서 그를 데려와서 최고의 대우를 하였습니다. 10장을 보면, 암몬 왕이 새로 취임했을 때 자신이 받은 은혜를 보답하는 마음으로 사신들을 보냈는데, 그 사람들이 오해하고 사신들의 수염 절반을 자르고 의복의 중동볼기를 잘라서 돌려보냅니다. 이것은 당시 전쟁 포로를 모욕하는 일종의 관습이었습니다(사 20:4). 분노한 다윗은 그들을 공격하였고, 항복을 받아냅니다. 여기까지가 오늘 본문의 내용입니다.

다윗 생애의 최고의 사건: 다윗 언약

오늘 본문에는 다윗이 왕으로서 재임하는 기간 뿐 아니라 그의 인생 전체에 있어서 최고의 황금기에 발생한 사건들이 기록되어 있습니다. 모든 내용이 은혜가 되고 도전이 됩니다. 그런데요, 오늘 본문(6-10장)에는 사무엘서 전체 또는 다윗 생애 전체를 통해 가장 중요한 사건이 기록되어 있습니다. 그것이 무엇인지 감이 잡히시나요? 그것은 우리가 함께 읽은 7:8-16에서 말씀하는 소위 '다윗 언약' 입니다. 하나님의 전체 구속사에 있어서 다윗 언약은 아브라함 언약과 함께 가장 중요하고 핵심적인 위치에 놓여 있습니다. 물론 오늘 본문에는 '언약' 이라는 단어가 직접적으로 사용되지는 않았습니다. 그런데 조금 있다가 보겠지만, 언약의 중요한 요소들이 다 여기에 포함되어 있고, 성경의 다른 부분에서 사무엘하 7:8-16의 말씀을 하나님과 다윗의 언약이라고 규정짓고 있습니다. 예를 들어, 시편 89:3-4을 보겠습니다.

> 주께서 이르시되 내가 나의 택한 자와 언약을 맺으며 내 종 다윗에게 맹세하기를 내가 네 자손을 영원히 견고히 하며 네 위를 대대에 세우리라 하였다 하셨나이다(참고. 사 55:3).

오늘은 다윗 생애 전체를 통해 가장 중요하다고 여겨지는 사건인 다윗 언약에 대해서 좀 더 자세히 살펴보기 원합니다. 다윗 언약을 온전히 이해하기 위해서는 먼저 '언약'에 대한 기본적인 이해가 필요합니다.

무엇보다도 성경에서 언약은 아주 중요한 개념입니다. 왜냐하면 언약은 성경 전체의 구조와 흐름을 이해하는데 아주 중요한 틀을 제공하기 때문입니다. 우리가 보통 성경을 신약과 구약으로 나누는데, 신약은 새 언약(또는 약속), 그리고 구약은 구(옛)언약(또는 약속)의 줄임말 입니다. 그렇기 때문에 성경은 언약에 대한 책이라고 해도 과언이 아닐 것입니다. 또한 언약이라는 개념이 중요한 이유는 언약이 하나님과 하나님 백성의 관계에 대해서 또는 우리 신앙의 본질에 대해서 잘 설명해주기 때문입니다.

그러면 성경에서 말씀하는 언약의 특징은 무엇입니까? 성경에서 말씀하는 하나님과 우리 인간 사이의 언약은 우리 사람끼리 맺는 계약과는 근본적으로 다릅니다.[5] 성경을 보면, 하나님과 우리 사이에 맺는 언약은 우리 사람 사이에 맺은 계약과 세 가지 면에서 근본적인 차이가 있음을 알 수 있습니다. 물론 그 언약의 특징들이 다윗 언약에서도 드러납니다.

먼저는 우리 인간끼리 맺는 계약은 상호 동의하에 시작합니다. 상호 간에 조건이 맞지 않으면 계약이 체결되지 않습니다. 왜냐하면 어느 누구도 손해 보려고 하지 않기 때문입니다. 그러나 하나님과의 우리 사이의 언약 관계는 상호 동의하에 시작되는 것이 아

---

[5] 우리말에서 언약과 계약은 거의 동의어인데, 구별을 위해서 하나님과 우리 사이는 언약으로 사람과 사람 사이는 계약으로 표현하고자 한다.

니라 하나님의 주도적이고 일방적인 은혜와 사랑으로 시작됩니다. 하나님께서 주도적으로 아브라함을 부르셨고, 주도적으로 다윗을 부르셨고, 주도적으로 우리를 부르셨습니다. 어떤 조건을 놓고 협상한 적이 없습니다. 오늘 본문에서도 "내가 너를 목장 곧 양을 따르는 데에서 데려다가 내 백성 이스라엘의 주권자로 삼고(8절)"라고 말씀합니다.

다음으로 사람 사이의 계약은 한 쪽에서 계약 조건을 어기면 파기됩니다. 그러나 하나님과 우리 사이의 언약은 어떠한 경우에도 결코 폐기되지 않습니다. 당연히 하나님께서는 잘못하시거나 실수하시지 않습니다. 문제는 우리가 불순종하는 것인데, 우리가 불순종하면 징계를 받기는 하지만 그것 때문에 언약 자체가 파기되지는 않습니다. 오늘 본문에도 그것이 언급되어 있습니다. 7:14-15을 보면, "나는 그에게 아버지가 되고 그는 내게 아들이 되리니 그가 만일 죄를 범하면 내가 사람의 매와 인생의 채찍으로 징계하려니와 내가 네 앞에서 물러나게 한 사울에게서 내 은총을 빼앗은 것처럼 그에게서 빼앗지는 아니하리라"고 말씀합니다.

세 번째로 세상의 계약은 상호 협력과 노력으로 완성됩니다. 하지만 우리와 하나님의 언약 관계는 하나님께서 주도적으로 진행하셔서 완성하십니다. 아브라함과의 언약도 마찬가지고 다윗과의 언약도 역시 하나님께서 주도적으로 완성하셨습니다. 오늘 본문에도 계속해서 하나님께서 성취시켜주시는 것을 말씀합니다. "내가 집을 세울 것이고, 내가 그의 나라 왕위를 영원히 견고하게 하리라." 계속해서 "내가"라는 말이 강조되고 있습니다.

여러분 어떠세요? 우리가 알고 있고 믿고 있는 하나님과 우리의 관계 그리고 우리 기독교 신앙의 본질이 바로 언약이라는 개념 안에 압축적으로 다 들어있지 않나요? 우리가 늘 고백하는 것처럼, 우리 모두는 하나님의 주도적이고 일방적으로 은혜로 부르심을 받았습니다. 부르심을 받은 이후에 우리가 부족하고 연약하여도 하나님께서 나그네 같은 인생이 끝나는 그날까지 우리를 지켜주시고 인도해 주실 것입니다. 로마서 8장에서 말씀하는 바와 같이, 이 세상의 어떤 것도 우리를 향한 하나님의 사랑을 끊을 수 없습니다. 뿐만 아니라 우리 가운데 선한 일을 시작하신 하나님께서 우리를 통해 이루시고자 하시는 일을 주도적으로 진행하시고 완성시키실 것입니다. 이와 같이 언약이라는 개념 안에 우리 기독교 신앙의 핵심이 압축적으로 포함되어 있기 때문에, 자주 우리를 '하나님의 언약 백성'이라고 부릅니다. 우리를 언약 백성이라 부르는 것에는 이 놀라운 의미가 있습니다.

사랑하는 성도 여러분!
우리는 하나님의 놀라운 언약적인 사랑과 은혜를 받았고, 받고 있고, 앞으로도 계속 받을 하나님의 언약 백성인 줄 믿습니다. 또한 우리가 하나님과 언약 관계에 있는 언약 백성이라는 것은 엄청난 특권이요 놀라운 복인 줄 믿습니다. 아멘입니까? 오늘 본문에서 다윗도 언약의 말씀을 들은 다음에 "주 여호와여 나는 누구이오며, 내 집은 무엇이기에 나를 여기까지 이르게 하셨나이까?(7:18)"라고 고백했던 것입니다.
그러면 한 가지 질문하겠습니다. 우리 모두가 하나님의 언약 백성으로서 놀라운 특권과 복을 누리고 있는데, 여러분들은 하나님의 언약 백성이라는 감사와 감격 그리고 언약 백성에 대한 자부심과 당당함 그리고 자신감이 있습니까? 물론 수요 예배에 참석하신 우리 성도들에게 당연히 있으시겠죠? 그런데 제가 판단할 때 저를 포함해서 우리 대부분은 하나님께서 원하시는 만큼은 아닌 것 같습니다. 우리 힌 번 비교해 보십시다.

구약 이스라엘 백성들 그러니까 지금 유대인들에게는 하나님의 언약 백성이라는 자부심과 당당함이 얼마나 큰지 모릅니다. 제가 지난 번 로마서 강해할 때 말씀드린 것 같은데요, 유대인의 수는 전 세계 인구의 0.2-3% 정도 밖에 되지 않습니다. 그러나 우리는 이스라엘 민족들에게서 많은 기적적인 일들을 보게 됩니다. 우리가 잘 아는 것처럼, 역대 노벨상 수상자의 1/3이 유대인이고, 미국 100대 기업의 40%를 유대인이 소유하고 있습니다. 또한 그들은 나라를 잃고 2000년 동안 흩어져 살면서도 자기들의 문화와 종교와 혈통과 언어를 그대로 가지고 있다가 자기 조상들이 살던 땅에 다시 나라를 세웠습니다. 이것은 인간적으로 생각하면 불가능한 일입니다.

여러분, 유대인을 유대인 되게 한 가장 중요한 요인은 무엇이라고 생각합니까? 많은 사람들은 유대인의 탁월함의 원인을 유대인의 특별한 교육에서 찾기도 합니다. 물론 교육의 요소를 무시할 수는 없지만 저는 그렇다고 생각지 않습니다. 저는 유대인에게서 보여 지는 경이로움은 그들에게 있는 하나님의 선택받은 민족이라는 자부심과 자신감, 그리고 당당함에서 기인한다고 믿습니다.

유대인들은 수백 년 동안 포로로 잡혀갔을 때에도, 수백 년 동안 칠흑 같은 어둠 가운데 살고 있을 때에도, 이 천년 동안 전 세계로 흩어져서 핍박과 고난을 받을 때에도 하나님의 언약 백성이라는 자부심과 당당함과 자신감을 결코 잃지 않았습니다. 그래서 유대인들은 세계 어디에서도 자기들만의 독특한 복장을 하고, 세계 어디를 가든지 회당을 만들고, 자신들만의 분명한 교육을 시키고, 선민으로서 지켜야 할 안식일, 할례, 음식법 등을 절대적으로 지키며 살고 있습니다. 저는 이러한 하나님의 언약 백성으로서의 당당함, 자신감, 그리고 자부심이 오늘날 유대인을 유대인 되게 한 것이라고 믿습니다.

저는 우리에게도 하나님의 은혜로 선택되고 하나님의 일방적이고 놀라운 사랑을 받고 있는 언약 백성으로서의 감사, 감격 그리고 당당함, 자부심, 자신감이 있어야 할 줄 믿습니다. 물론 우리가 언약 백성으로 배타성이나 교만함이나 자만함을 보여서는 안 될 것입니다. 그러나 분명한 것은 모든 상황과 환경에서 우리는 언약 백성으로서의 감격과 당당함이 있어야 한다는 것입니다. 그러나 우리의 모습은 어떻습니까? 조금만 어려움을 당해도 풀이 죽고, 인간적인 관점에서 다른 사람들보다 조금 부족하거나 뒤진다고 의기소침하며 위축되는 경우가 많습니다. 우리는 지금도 살아계시고 놀랍게 역사하시는 하나님의 언약 백성으로서 놀라운 특권과 복을 누리고 있는 자인데 풀이 죽을 일이 무엇이며, 낙심할 일이 무엇이며 위축될 일이 무엇이 있겠습니까?

저는 우리에게 두 가지가 필요하다고 믿습니다. 먼저 하나님에 대한 분명한 깨달음과 믿음입니다. 많은 것을 말씀드릴 수 있겠지만, 이번에 강조하는 컨셉이 작가이시고 연출가이신 하나님이니까 우리는 작가이시고 연출가이신 하나님에 대한 분명한 깨달음과 믿음이 있어야 합니다. 또 한 가지는 우리 자신에 대한 것입니다. 우리는 작가이시고 연출가이신 하나님께서 일방적으로 사랑하시고 은혜를 베푸시는 언약 백성들입니다. 이 두 가지에 분명한 깨달음과 믿음이 있다면 이 나그네 같은 인생길을 감사하고 감격스럽게, 당당하고 자신감 있게, 그리고 멋있게 살 수 있을 줄 믿습니다. 주먹을 쥐고 같이 한 번 고백하겠습니다. "나는 하나님의 언약 백성이다!"

구원 계획의 통로가 되도록

그러면 이제 다윗 언약이 왜 그리고 어떻게 중요한 지 그리고 다윗 언약이 우리에게 주는 교훈은 무엇인지 살펴보겠습니다. 다윗 언약을 이해하기 위해서는 조금 전에 말씀드린 대로 먼저 다윗 언약과 함께 구약에서 가장 중요한 언약인 아브라함 언약을 알아야 합니다. 왜냐하면 다윗 언약은 아브라함 언약과 연속선상에 있기 때문입니다. 아브라함 언약의 내용은 크게 네 가지입니다.

(1) 나는 너와 너의 후손의 하나님이 되겠다(창 17:7).
(2) 너의 후손을 하늘의 별처럼, 바닷가의 모래처럼 많게 하겠다(창 15:5; 22:17).
(3) 가나안 땅을 주겠다(15:13-16).
(4) 너는 복의 근원이 될 것인데, 네 씨로 말미암아 천하 만민이 복을 받을 것이다(창 12:2; 22:18).

하나님께서 아브라함과 언약하신대로 이스라엘을 큰 민족을 이루어서 출애굽 시키신 다음에 가나안에 정착케 하심으로 아브라함과의 언약을 일부 성취시키셨습니다. 이제 남아 있는 것은 "너는 복의 근원이 될 것인데, '네 씨로 말미암아' 천하 만민이 복을 받을 것이다"는 약속입니다. 이 약속은 궁극적으로 예수님을 통한 온 인류의 구원에 관한 것입니다. 이제 그 약속의 완전한 성취를 위한 후속 조치 또는 좀 더 구체적인 내용이 필요했습니다. 그것이 다윗 언약입니다. 그러니까 다윗 언약은 아브라함 언약의 재확인이요 구체화입니다. 하나님께서 다윗에게 "네 몸에서 날 네 씨를 통해 나라와 왕위를 견고케 하겠다"고 말씀하심으로 아브라함의 많은 후손 가운데 다윗 가문에서 메시야가 올 것을 확인시켜 주셨습니다. 그래서 성경은 계속해서 다윗 언약의 성취로서 예수 그리스도를 말씀합니다.

> 이새의 줄기에서 한 싹이 나며 그 뿌리에서 한 가지가 나서 결실 할 것이요(사 11:1).
> 내가 다윗에게 한 의로운 가지를 일으킬 것이라(렘 23:5).

한 걸음 더 나아가서 마태복음 1:1에서는 "아브라함과 다윗의 자손 예수 그리스도의 세계라"고 말씀합니다. 예수 그리스도는 아브라함 언약과 다윗 언약의 성취라는 것입니다.

사랑하는 여러분!
우리는 지난주에 하나님께서 우리 인생 스토리의 작가이시며 연출가이심을 함께 생각해 보았습니다. 그런데 하나님께서 단순히 우리 인생 스토리만의 작가요 연출가이신가요? 결코 그렇지 않습니다. 우리 하나님께서는 우리 개개인의 생사화복을 주관하실 뿐 아니라, 전체 인류 역사의 작가이시고 연출가이신 줄 믿습니다. 우리 인류 역사는 작가이시고 연출가이신 하나님의 의해서 시작되었고, 진행되고 있으며, 하나님께서 정하신 목표를 향하여 달려가고 있습니다. 그런데요, 인류 역사에 있어서 가장 중요한 하나님의 목적 또는 관심은 무엇이죠? 한 마디로 하면, 그것은 우리 인간의 구원입니다. 그 목적을 위해서 하나님께서는 아브라함을 부르시고 다윗을 부르셨고, 그들과 언약을 맺으심으로 그 구원 계획을 진행시키셨습니다. 그리고 때가 되매 예수 그리스도를 통해 언약을 성취하셨고, 나중에 재림하심으로 우리의 구원을 최종적으로 완성시키실 것입니다.

여기에서 저는 쉬운 질문 하나를 하겠습니다. 사무엘하 7장에서 하나님께서 갑자기 또는 우발적으로 다윗과 언약을 맺으셨나요? 결코 그렇지 않죠? 다윗 언약은 하나님께서 애초 다윗을 부르셨을 때부터 하나님의 계획 가운데 있었습니다. 오늘 본문에서도 그 부분을 언급하고 있습니다(8-9상). 단지 그 때가 가장 적당하다고 판단되어서 그 때에 구체적으로 말씀하신 것입니다. 이것은 무엇을 의미합니까? 하나님께서 다윗을 부르셔서 기름을 부으시고 광야의 과정을 거쳐서 그가 왕이 되도록 하신 가장 중요한 이유와 목적은 하나님의 전체 구원 계획을 완성하시는 과정에서 그를 하나님 구원 계획의 통로와 도구로 사용하기 위함이었다는 것입니다. 아멘입니까?

사랑하는 여러분, 그것은 오늘날 우리에게도 똑같이 적용됩니다. 하나님께서는 우리에게 다양한 배역을 주셨는데, 우리 각자에게 다양한 배역을 맡겨주신 가장 중요한 목적은 무엇이라고 생각하십니까? 또한 하나님께서 언약 백성인 우리에게 많은 복을 주시고 은혜를 주셨는데, 그 목적이 무엇이라고 생각하십니까? 또한 우리가 언약 백성으로 당당하고 멋있게 살아야 된다고 말씀드렸는데, 그렇게 살아야 될 가장 중요한 이유와 목적이 무엇입니까? 그것은 우리가 하나님의 구원 계획의 통로가 되고 도구가 되는 것입니다. 우리를 보고 세상이 시기가 나서 예수님을 알도록 하기 위해서입니다. 이와 관련하여 사도 바울도 아주 중요한 고백을 하였습니다. 그가 하나님의 언약적 사랑을 받은 중요한 이유는 구원 받은 백성의 본(모델)이 되기 위함이라고 했습니다. 디모데전서 1:16입니다(참고. 벧전 2:8-9).

> 그러나 내가 긍휼을 입은 까닭은 예수 그리스도께서 내게 먼저 일체 오래 참으심을 보이사 후에 주를 믿어 영생 얻는 자들에게 본이 되게 하려 하심이라.

사람들이 사도 바울을 보며 "저 사람을 보니 정말 하나님이 살아계셔서 역사하시는구나! 나도 믿어 구원받아야겠구나!"하는 믿음의 고백을 하도록 사도 바울에게 긍휼을 베푸셨다는 것입니다.

저는 하나님의 구원 사역의 도구 또는 통로가 되는 것이 언약 백성인 우리 모두의 최고 관심과 목적이 되기를 소원합니다. 그러면 좀 더 구체적으로 어떻게 사는 것이 구원의 도구 또는 통로로 쓰임 받는 최고의 목적이 되는 삶입니까? 실제적인 예를 들어보겠습니다. 우리는 살아가면서 믿지 않는 사람들과 부대끼며 살아갑니다. 그것이 가족일 수도 있고, 친구일 수도 있고, 이웃일 수도 있고, 직장 동료일 수도 있습니다. 그런데 그들과 부대끼고 살아가면서 우리가 어떻게 구원의 도구가 될 수 있죠? 그것은 우리의 말과 행동과 어떤 결정에서 진정한 신앙인의 모습이 보여주어야 가능합니다. 그렇죠? 그렇다면, 하나님의 구원 사역의 도구(통로)가 우리 삶의 최고의 관심과 목적이 된다는 것은 말하고 행동하고 무엇을 결정할 때 '어떻게 하는 것이 진정한 신앙인의 모습일까?'에 우선적인 초점을 맞추고 사는 것을 말합니다.

그런데 그것이 어렵습니까? 쉽습니까? 어려울 수도 있고 쉬울 수도 있습니다. 그렇게 어려운 것만은 아닙니다. 저는 한 번 더 기도하고 한 번 더 생각하고 한 번 더 고민하면 가능하다고 믿습니다. 조금만 손해보고, 조금만 양보하고, 조그만 마음을 넓히면 가능하다고 믿습니다. 다시 말해, 구원의 통로가 되기 위해 때로는 우리는 물질의 손해도 각오해야 합니다. 때로는 자존심 상해도, 때로는 무시를 당해도 마음을 넓혀야 합니다. 때로는 화가 나고, 때로는 억울하게 생각되어도 참아야 됩니다. 결정적인 실수도 품을 수 있어야 합니다. 왜 그렇게 살아야 한다고요? 그것은 우리의 삶을 통해 그들을 구원하는 것이 하나님께서 우리를 언약 백성으로 부르신 최고의 목적이기 때문입니다.

물론 처음에는 쉽지 않을 것이고 처음부터 원하는 만큼은 되지 않을 수도 있습니다. 그러나 계속해서 그것을 언약 백성으로서 우리 삶의 최고의 관심과 목표로 삼고 성령의 도우심을 구하면서 최선을 다해 노력하면 조금씩 조금씩 나아질 줄 믿습니다. 그 은혜가 우리 모두에게 임하기를 축원합니다.

마음을 원하시는 하나님

마지막으로 오늘 본문은 하나님의 큰 구원의 계획을 위해 우리와 언약 관계를 맺으시고 하나님의 백성이 되게 하셔서 많은 은혜와 복을 주셨는데 하나님께서 우리에게 요구하시는 것이 있음을 교훈하고 도전합니다. 오늘 본문에서 다윗이 보여주는 모범은 마음 또는 중심입니다. 그것은 크게 세 가지에서 발견됩니다.

먼저 법궤를 모셔왔습니다. 그것은 다윗이 이스라엘 위에 하나님의 임재가 계속되기를 바랐고, 자신이 아니라 하나님께서 나라를 통치하시기를 간절히 바라는 마음을 상징적으로 보여준 것이었습니다.

다음으로 성전을 건축하고자 하였습니다. 그것은 하나님을 최고로 대접하고 섬기려는 마음이 담겨 있음을 보여주었습니다.

세 번째로 므비보셋을 선대하고 암몬 자손에게 감사하는 사절단을 보냈습니다. 그러니까 사람과의 언약도 지킴으로 감사하는 마음을 표현했고 다른 나라의 좋은 일에 진정 축하하는 마음도 보여주었습니다. 다윗은 하나님과의 관계에서 그리고 사람과의 관계에서 귀한 마음이 있는 사람이었습니다. 하나님께서 그것을 참으로 기뻐하셨습니다(참고 왕상 8:18-19). 하나님께서 다윗을 택하실 때 사람은 외모를 보거니와 나 여호와는 중심을 보느니라고 하셨는데(삼상 16:7), 이제 그 실제를 보여주고 있습니다.

저는 하나님께서 지금도 언약 백성인 우리에게 가장 원하시는 것은 마음인 줄 믿습니다. 사람들이 보기에 또는 겉으로 그럴싸한 모습을 보이고, 사람들이 보기에 또는 겉으로 그럴싸하게 행동한다고 할지라도 하나님께서 기뻐하시지 않는 사람이 될 수 있습니다. 반대로 사람들에게는 그럴싸하지 않더라도 하나님께서 기뻐하시는 자가 될 수 있습니다. 하나님께서는 그 무엇보다도 우리에게 "너 마음과 중심과 동기를 다오!"라고 하십니다. 하나님께서는 오늘 본문에서 다윗이 보여주었던 것처럼, 내가 나의 주인으로 사는 것이 아니라 하나님을 우리 중심에 모시고 하나님을 주인으로 인정하는 마음을 원하시는 줄 믿습니다. 하나님께 가장 귀한 것을 대접하고 드리려고 하는 마음을 원하십니다. 이웃을 진정 사랑하고 섬기는 마음을 원하십니다. 저는 중심을 보시는 하나님께서 우리의 중심을 보시고 참으로 만족해하시고 칭찬하시는 우리 모두가 되기를 소원합니다.

말씀을 맺겠습니다.

오늘 본문은 다윗 생애에 있어서 최고의 전성기에 경험했던 일들을 말씀하고 있습니다. 그 과정에서 다윗 생애의 최고의 사건인 하나님께서 다윗과 언약을 맺는 사건도 기록하고 있습니다. 오늘 본문을 통해 우리는 언약 백성에 대해 다시 한 번 생각해 보았습니다. 우리 모두가 언약 백성으로서 감사와 감격 그리고 당당함, 자부심, 자신감이 있기를 바랍니다. 또한 은혜를 받은 언약 백성으로서 우리의 가장 중요한 관심이 하나님 구원 계획의 통로 또는 도구가 되는 것에 있길 바랍니다. 뿐만 아니라 언약 백성인 우리에게 하나님께서 가장 중요하게 요구하시는 마음을 드릴 수 있길 바랍니다. 이 은혜가 우리 모두에게 임하기를 소원합니다.

사무엘하 11-15장 (12:7-15)

우리는 약하고 악해질 수 있는 존재입니다

다윗은 왕이 된 후에 생애에 있어서 최고의 전성기를 보냈습니다. 그 과정에서 하나님께서는 다윗과 공개적이고 공식적으로 언약을 맺으셨습니다. 하나님께서 다윗과 언약을 맺으신 것은 다윗 생애에 있어서 가장 중요한 사건입니다. 왜냐하면 소위 '다윗 언약'에는 하나님과 다윗 사이에 관계의 핵심이 담겨 있고, 하나님께서 다윗을 부르시고 왕을 삼으신 이유와 목적이 포함되어 있기 때문입니다. 그래서 지난주에는 다윗 언약에 대해서 함께 생각하며 은혜를 나누었습니다.

여기에서 우리에게 중요한 것은 다윗 뿐 아니라 우리도 예수 그리스도 안에서 하나님과 언약 관계에 있다는 것입니다. 우리도 다윗처럼 하나님의 일방적이고 주도적인 은혜와 사랑을 받는 하나님의 언약 백성입니다. 그것은 놀라운 특권이요 복이 아닐 수 없습니다. 우리 모두에게 하나님의 언약 백성으로서 뜨겁고 넘치는 감사와 감격이 있어야 할 줄 믿습니다. 또한 언약 백성으로 우리를 부르시고 은혜와 사랑을 베푸신 최고의 이유와 목적은 하나님의 구원 사역의 통로가 되고 도구가 되는 것이라고 말씀드렸습니다. 그러면 어떻게 하나님의 구원 사역에 쓰임 받을 수 있나요? 물론 여러 가지 방법들이 있을 수 있지만 가장 대표적인 것은 우리가 이 땅에서 부대끼며 사는 모든 사람들에게 진정한 신앙인의 모습을 보여주는 것입니다. 뿐만 아니라 언약 백성으로서 하나님께서 우리에게 요구하시는 가장 중요한 것은 '마음' 임을 말씀드렸습니다. 우리 모두가 하나님의 언약 백성으로서 감사와 감격이 넘치고, 하나님의 구원의 도구로 쓰임 받고, 하나님께서 마음을 받으시는 복된 성도들이 되기를 소원합니다.

다윗 생애의 최악의 시기

이제 본문을 보겠습니다. 11:1입니다.

> 그 해가 돌아와 왕들이 출전할 때가 되매 다윗이 요압과 그에게 있는 그의 부하들과 온 이스라엘 군대를 보내니 그들이 암몬 자손을 멸하고 랍바를 에워쌌고 다윗은 예루살렘에 그대로 있더라

11장의 사건이 일어난 상황적 배경입니다. "그 해가 돌아와 왕이 출전할 때가 되었다"고 합니다. '그 해가 돌아왔다' 는 것은 11장의 사건이 일어난 해의 봄이 왔다는 말입니다. 당시에는 대개 겨울에는 전쟁이 소강 상태였고, 봄이 되면 나라 간에 전투가 개시되었다고 합니다. 봄이 와서 온 이스라엘이 전쟁에 참여하였는데, 그는 전쟁에 참가하지 않고 예루살렘에 혼자 있었다고 말씀합

니다. 다윗도 전쟁에 참여해야 했는데 하지 않았음을 강조하고 있습니다.6) 왜 그랬을까요? 8장을 보면 그 때 이스라엘은 다른 나라들과 전쟁에서 계속 승리하였습니다. 11장의 전쟁에서도 전세가 유리하게 전개되고 있었습니다. 아마 다윗에게 자만과 나태함이 있었던 것 같습니다.

그러던 어느 날 다윗이 낮잠 후에 옥상을 거닐고 있었는데 마침 한 여인이 목욕을 하는 것을 보았습니다. 그는 부하를 통해 그 여인을 데리고 와서 동침을 했는데 덜컥 임신이 되어버렸습니다. 율법은 배우자가 있는 사람과 동침하는 것은 죽음에 해당하는 죄임을 말씀합니다(레 20:10). 다윗은 자신의 죄를 감추기 위해 그 여인의 남편 우리아에게 특별 휴가를 주었습니다. 하지만 우리아는 동료들은 전쟁 중에 밖에서 고생하는데 자신만 아내와 잠을 자는 것은 옳지 않다고 생각하여 집에 들어가지 않습니다. 그것을 안 다윗은 다음 날 그를 만취하게 해서 그를 집으로 보내고자 했으나 그날 밤도 역시 들어가지 않았습니다. 결국 요압에게 전갈을 보내 맹렬한 전쟁의 선봉장 역할을 하게 함으로 우리아를 전사하게 합니다. 이제 그 여인을 아내로 데리고 옵니다.

우리아는 다윗의 30인 용사에 해당할 정도로 능력 있는 부하였습니다(삼하 23:39; 대상 11:41). 또한 오늘 본문에서 보는 것처럼, 그는 참으로 충성스러운 군인이었습니다. 다윗은 그러한 충성스러운 신하의 부인에게 간음죄를 범했을 뿐 아니라 그렇게 능력 있고 충성스러운 부하를 억지로 죽이는 살인죄를 지었습니다

---

6) 실제로 다윗은 계속 전쟁에 참여하여 백성들과 동고동락함으로 백성들에게 존경과 사람을 받았다(삼상 18:16; 삼하 5:2).

(삼하 11:27). 여러분들도 마찬가지겠지만, 저는 이 본문을 읽을 때마다 어떻게 이렇게 나쁠 수가 있을까하는 생각이 들면서 분노가 치밀어 오르는 것을 경험합니다.

그렇게 큰 죄들을 지었음에도 불구하고 다윗은 거의 일 년[7]이 되도록 자신의 죄에 대한 깨달음이나 죄책감이 없었습니다. 그 때 하나님께서 나단을 다윗에게 보냅니다(12:1). 나단은 다윗에게 많은 양과 소를 가진 부자가 가난한 사람의 한 마리밖에 없는 양 새끼를 빼앗아서 잔치를 치르는 이야기를 합니다. 다윗은 그 이야기를 듣고 분노하면서 당장 그 사람을 죽이라고 합니다. 그 때 나단이 다윗에게 바로 당신이 그 사람이라고 하면서 다윗의 죄를 지적합니다. 그러면서 그가 앞으로 당할 일을 선포합니다. 12:10-12입니다.

> 이제 네가 나를 업신여기고 헷 사람 우리아의 아내를 빼앗아 네 아내로 삼았은즉 칼이 네 집에서 영원토록 떠나지 아니하리라 하셨고 여호와께서 또 이와 같이 이르시기를 보라 내가 너와 네 집에 재앙을 일으키고 내가 네 눈앞에서 네 아내를 빼앗아 네 이웃들에게 주리니 그 사람들이 네 아내들과 더불어 백주에 동침하리라 너는 은밀히 행하였으나 나는 온 이스라엘 앞에서 백주에 이 일을 행하리라 하셨나이다 하니

크게 세 가지입니다. 첫 번째는 칼이 다윗의 집에서 떠나지 않는다는 것이고, 두 번째는 집에 재앙이 일어난다는 것이고, 세 번

---

[7] 본문을 보면, 하나님께서 아이를 낳은 다음에 나단을 다윗에게 보내셨고, 죄를 지적한 다음에 곧바로 그 아이를 치셨다. 따라서 이 때 죄를 범한 지 일 년 정도 지난 후라고 보는 것이 타당하다(삼하 11:27; 12:1,15).

째는 다윗의 여인들이 수치를 당하게 된다는 것입니다. 실제로 다윗은 나중에 이러한 일들을 다 경험하게 됩니다.

그제야 자신의 죄를 알게 된 다윗은 철저하게 회개합니다(12:13). 그 내용이 우리가 잘 알고 있는 대로, 시 51편에 기록되어 있습니다. 나단은 그 아이가 죽을 것이라고 말씀하고(12:14), 하나님께서는 우리아의 아내가 낳은 아들을 치셨습니다(12:15). 아이가 아프자 다윗은 하나님께 금식하며 기도합니다. 그러나 일주일 만에 그 아이는 죽습니다(12:18). 아이가 죽자 신하들은 큰 걱정을 했는데 다윗은 아무 일도 없었던 것처럼 툴툴 털고 일어납니다(12:22-23). 그 아이를 대신하여 하나님께서 밧세바를 통해 솔로몬을 주셨습니다(12:24-25).

하나님께서 말씀하신대로 다윗의 가정에서 문제가 발생하기 시작했습니다. 다윗의 장남 암논(3:2)이 이복동생인 다말을 사랑하게 됩니다. 그는 거짓으로 병든 체 하고 다말을 자신의 침상으로 불러들여서 억지로 동침하게 됩니다(13:14). 그런데 동침한 후에는 사랑하는 마음이 미움으로 바뀌어져 버렸습니다(13:15). 이것이 한 여인에게는 당연히 치명적인 상처와 아픔이 되었습니다. 그 사실을 알게 된 다말의 오빠 압살롬은 진노하면서 암논을 상대로 복수할 계획을 세우게 됩니다. 그로부터 2년의 세월이 지난 후에 압살롬은 암논을 죽일 계획을 세우고 양털 깎는 날을 정해서 그의 형제들을 불러서 잔치를 엽니다. 그 잔치에서 종들을 시켜서 암논을 죽여 버렸습니다. 압살롬은 두려움 속에서 자신의 외가가 있는 그술이라는 곳으로 도망가서 3년 동안 피해 있었습니다(13:37-38). 압살롬이 비록 살인죄를 짓고 도망하였지만, 다윗은 아들인 압살롬에 대한 그리움이 많았습니다(13:39).

그런 다윗의 마음을 안 요압이 한 여인을 다윗에게 보내어 두 형제의 싸움 이야기를 하여(14:4-20) 다윗의 마음을 풀어 압살롬을 데리고 옵니다(14:21). 그러나 압살롬은 두 해 동안 왕을 보지 못합니다(14:28). 압살롬은 요압에게 요청하여 왕과 대면하여 화해를 합니다(14:33). 그 후에 압살롬은 쿠데타를 계획하고 군사를 모으고, 의도적으로 성문에 서서 백성들의 재판을 도와줌으로 백성들의 마음을 도둑질합니다(15:6). 그 후 4년이 지나서 압살롬은 다윗이 처음에 왕으로 기름부음을 받았던 헤브론으로 가서 쿠데타를 일으킵니다. 그 사실을 안 다윗은 가족과 함께 도망가게 됩니다(15:14-15).

오늘 본문은 우리가 잘 아는 것처럼, 다윗이 죄를 짓고, 하나님의 징계를 경험하는 과정을 기록하고 있습니다. 다윗 개인의 인생에 있어서 지워버리고 싶고, 다시 떠올리고 싶지 않은 일들입니다. 그런데 성경은 그 모든 일들을 기록하고 있습니다. 왜 그렇습니까? 그것은 이 모든 일들이 당시 이스라엘 뿐 아니라 지금 우리들에게도 교훈과 책망과 바르게 함과 의로 교육하기에 유익하기 때문입니다(딤후 3:16). 오늘은 다윗이 죄를 짓고 징계를 경험하는 과정을 같이 생각해 보면서 함께 하나님의 뜻을 깨닫기 원합니다.

죄의 본질

먼저 생각할 것은 오늘 본문에서 다윗이 지은 '죄의 성격 또는 본질' 입니다. 오늘 본문을 보면, 다윗이 지은 죄의 성격에 대해서 나단이 분명히 말씀하고 있습니다. 12:9-10절입니다.

> 그러한데 어찌하여 네가 여호와의 말씀을 업신여기고 나 보기에 악을 행하였느냐 네가 칼로 헷 사람 우리아를 치되 암몬 자손의 칼로 죽이고 그의 아내를 빼앗아 네 아내로 삼았도다 이제 네가 나를 업신여기고 헷 사람 우리아의 아내를 빼앗아 네 아내로 삼았은즉 칼이 네 집에서 영원토록 떠나지 아니하리라 하셨고

선지자 나단은 단호하게 다윗의 죄는 하나님의 말씀을 업신여긴 것이고, 하나님을 업신여긴 것이라고 선포합니다. 당시의 상황으로만 본다면, 오늘 본문에서 다윗이 행했던 것은 절대 권력을 가지고 있었던 당대의 왕들에게는 그렇게 크게 문제가 되지 않았던 일입니다. 물론 남의 아내를 빼앗고 사람을 죽인 것이 당시에도 도덕과 양심에 거리끼는 것이었지만, 당시 왕들에게는 비일비재하였습니다. 또한 법적인 관점에서 보면, 죄가 인정되고 죄로 처벌하려면 반드시 고소하는 사람과 증인이 있어야 하고 확실한 물적 증거도 있어야 합니다. 그런데 다윗이 밧세바를 범한 것을 아는 사람도 거의 없었고, 그것을 고발하는 사람도 없었습니다. 다윗이 우리아를 감쪽같이 죽인 것은 오늘날 법률적 용어로 하면 '미필적 고의(未必的 故意)'에 해당하는 것인데, 그러한 다윗의 악한 의도를 아는 사람도, 문제를 제기하는 사람도 없었습니다.

오늘 본문에서 다윗이 지은 죄는 당시의 시대적 상황, 세상 사람들의 기준 또는 실정법(實定法)적인 차원에서만 보면 큰 문제

가 안 될 수 있었습니다. 그러나 성경은 어떻게 말씀합니까? 다윗의 행위는 여호와 보시기에 악하였던 것이었고(11:27), 하나님의 말씀과 하나님을 업신여기는 것이었다고 말씀합니다. 실제로 다윗이 행했던 것은 십계명 가운데 6, 7, 10계명을 범하는 엄청난 죄였습니다. 그래서 다윗도 시편 51편(6절)에서 "하나님께, 오직 하나님께 죄를 지었다(Against You, Only against You I have sined)"고 고백하고 있습니다.

여러분! 이것이 다윗이 범한 죄의 성격이고, 성경에서 말씀하는 죄의 본질입니다. 성경에서 말씀하는 죄는 오늘날 세상 사람들이 생각하는 죄나 실정법이 말하는 죄와는 차원이 다릅니다. 범위와 내용이 훨씬 넓고 포괄적입니다. 그런데 성도들 가운데는 세상 사람들의 관점에서 그리고 실정법 차원에서만 죄를 생각하는 분들도 있는 것 같습니다. 다시 말해, 하나님의 말씀으로 볼 때 또는 하나님 앞에서 평가할 때 분명히 잘못된 것이지만, 다른 세상 사람들도 그렇게 살고 있기 때문에 또는 세상 사람들의 관점에서 볼 때 큰 문제가 되지 않기 때문에 죄가 아니라고 생각하며 살 수 있다는 것입니다. 예를 들어, 정직하지 않게 서류 조작을 통해 부당하게 금전적 이익을 취해도, 소위 나이롱환자로 병원에 입원해도[8] 세상 사람들이 그렇게 살기 때문에 당연한 듯이 행하는 것입니다. 또한 우리는 남에게 발각되지 않게 죄를 지을 수 있습니다.

---

8) 2016년 3월 20일 금융감독원의 발표에 따르면, 이른바 '나이롱환자'와 '사무장 병원'에 따른 보험사기 적발 규모가 지난해 6549억 원으로 역대 최고치를 기록했다고 한다. 그것은 지난해 보(5997억 원)보다 552억 원(9.2%) 증가한 것이다. 또한 보험사기 혐의자는 8만3431명으로 같은 기간 1.1%(954명) 감소했다고 한다.

남에게 발각되지 않게 속일 수도 있고 도둑질할 수도 있습니다. 그런데 사람들에게 발각되지 않았기 때문에 죄를 짓지 않은 것으로 생각하며 살 수 있습니다. 뿐만 아니라 우리는 마음으로 죄를 지을 수 있습니다. 남을 미워하고, 남의 소유를 탐하고, 음욕을 품을 수 있습니다. 성경은 사람을 죽이지 않더라도 마음으로 형제를 미워하거나, 남의 물건을 훔치지 않더라도 남의 소유를 탐하거나, 실제적인 간음 행위를 하지 않더라도 음욕을 품으면 그 자체가 이미 살인, 절도, 간음과 같은 죄에 해당한다고 말씀합니다. 그런데 우리는 겉으로 드러나지 않기 때문에 죄를 지었다고 생각하지 않을 수도 있다는 것입니다.

여러분, 다윗의 죄를 통해 우리에게 주는 교훈은 무엇입니까? 세상의 관행으로 볼 때 문제가 되지 않는다고 할지라도, 사람들에게 들키지 않았다고 할지라도, 행동으로 드러나지 않았을지라도 하나님 말씀에 어긋난 것, 하나님의 뜻을 거역하는 것은 모두 다 하나님 앞에서 죄 임을 교훈합니다.

성경은 우리에게 명령합니다. "좁은 문으로 들어가라 멸망으로 인도하는 문은 크고 그 길이 넓어 그리로 들어가는 자가 많고 생명으로 인도하는 문은 좁고 길이 협착하여 찾는 자가 적음이라(마 7:13-14)." 또한 성경은 "너희는 이 세대를 본받지 말고 오직 마음을 새롭게 함으로 변화를 받아 하나님의 선하시고 기뻐하시고 온전하신 뜻이 무엇인지 분별하도록 하라(롬 12:2)"고 말씀합니다. 이 말씀들을 죄 문제와 연결시켜 보면, 세상 사람의 기준에서 죄를 생각지 말고, 훨씬 넓고 포괄적으로 죄를 이해하고 적용하며 세상 사람들보다 좁게 그리고 세상 사람들과 다르게 살라는 말씀입니다. 여러분, 이것이 하나님께서 우리에게 요구하시는 삶인 줄 믿습니다.

이렇게 이야기하면 우리 가운데 혹시 이런 생각을 하시는 분이 계실지도 모르겠습니다. "아~ 괜히 예수 믿었네~ 예수를 믿지 않았다면 마음대로 살고, 죄책감도 덜하며 살수도 있지 않을까?" 저도 처음에 예수를 믿을 때, 대학 다닐 때 종종 그렇게 생각했습니다. "좀 늦게 믿을걸~ 괜히 빨리 믿었네~" 그런데요, 우리 정말 솔직히 이야기해 봅시다. '세상에서 죄를 지으면서 경험하는 행복과 기쁨이 더 큽니까?' 아니면 '예수 그리스도 안에서 하나님의 은혜로 경험하는 행복과 기쁨이 더 큽니까?' 두말할 나위가 없습니다. 또한 '거짓말하고 편법을 쓰면서 인간적인 수단과 방법으로 살면서 얻는 유익이 더 큽니까?' 아니면 '믿음으로 살면서 하나님께서 주시는 유익이 더 큽니까?' 두말할 나위가 없습니다.

뿐만 아니라 죄의 기준을 하나님 말씀 안에서 훨씬 엄격하게 정하고 미리 미리 조심하며 사는 것이 우리의 미래를 위해 훨씬 더 좋습니다. 요즈음에 우리나라에서도 장관급의 고위 공직자들을 임명할 때 청문회를 합니다. 청문회를 보면 많은 후보자들이 불법과 편법을 행한 것에 대해 사과하는 장면을 볼 수 있습니다. 만약 그 분들이 전에 청문회에 설 줄 알았다면 그런 불법이나 편법을 훨씬 덜 행했을 것입니다. 미리 미리 조심했을 것입니다. 우리도 마찬가지입니다. 여러분, 우리는 언젠가 이 땅을 떠나야 하고, 주님 앞에 서야 합니다. 우리는 한 사람도 예외 없이 다 주님 앞에 이 땅에 살았던 삶을 가지고 주님의 평가를 받아야 합니다. 그 때의 기준은 무엇입니까? 세상 사람의 기준 또는 실정법의 기준이 아닙니다. 그렇기 때문에 미리 세상의 기준이 아니라 하나님의 기준에서 또는 하나님의 말씀에 근거해서 죄를 적용하고 살면 그 때에 훨씬 칭찬받는 자들이 되지 않겠습니까? 여러분! 하나님의 말씀의 기준으로 죄를 엄격하게 규정하고 좁게 그리고 세상 사람과 구별하여 사는 것이 미래를 위해서도 진정 복된 삶인 줄 믿습니다.

죄의 징계에 대한 자세

다음으로 죄와 징계에 대한 다윗의 자세입니다. 오늘 본문을 보면 하나님께서 다윗의 죄에 대해 철저하고 처절하게 징계하십니다. 하나님께서는 나단을 통해 징계의 내용을 이미 말씀하셨고, 다윗이 은밀히 행했으나 백주에 온 이스라엘 앞에서 드러낸다고 하셨습니다. 그리고 말씀하신대로, 밧세바에게서 낳은 아들과 큰 아들 암논 그리고 압살롬이 죽임을 당합니다(삼하 13:28; 18:14-15). 가족 안에서 성적인 죄들이 발생합니다. 암논이 이복 동생 다말을 범하고, 압살롬이 다윗의 후궁들을 취하게 됩니다(삼하 13:14, 16:22). 자식인 압살롬의 반역에 의해 자신의 왕위도 일시적으로 찬탈당합니다. 아마 하나님께서 많이 괘씸하게 생각하신 것 같습니다. 12:7-8을 보겠습니다.

나단이 다윗에게 이르되 당신이 그 사람이라 이스라엘의 하나님 여호와께서 이와 같이 이르시기를 내가 너를 이스라엘 왕으로 기름 붓기 위하여 너를 사울의 손에서 구원하고 네 주인의 집을 네게 주고 네 주인의 아내들을 네 품에 두고 이스라엘과 유다 족속을 네게 맡겼느니라 만일 그것이 부족하였을 것 같으면 내가 네게 이것 저것을 더 주었으리라

그는 하나님께 말로 다 할 수 없는 놀라운 은혜를 받았고 왕이 되었습니다. 그는 백성의 목사가 되어 백성들을 잘 섬기고 돌보아야 했습니다. 그러나 그는 잘 돌보고 섬겨야 할 힘 없는 백성에게서 가장 귀하고 소중한 것을 빼앗았습니다. 본문은 두 번이나 빼앗았다고 말씀합니다(9, 10절). 이것은 하나님의 언약적인 은혜에 배은망덕한 것이고, 자신에게 맡기신 직무를 유기한 것이고, 직권을 남용한 것입니다. 그래서 하나님께서 '가중처벌법'을 적용하셔서 그렇게 철저하고 처절하게 징계하신 것 같습니다.

물론 하나님께서는 우리의 죄를 항상 드러나게 징계하시지는 않습니다. 죄에 대해 표면적으로 징계하실 수도 있고, 하지 않으실 수도 있습니다. 만약 우리가 죄를 지을 때마다 하나님께서 징계하신다면 우리 가운데 성한 사람이 누가 있겠습니까? 온 몸에 상처투성이 일 것입니다. 그럼 언제 드러나게 징계하실까요? 하나님께서 필요하다고 판단하실 때 입니다.

또한 회개를 통해 용서를 받아도 징계는 내려질 수 있습니다. 물론 때로는 우리가 회개하면 "그래 용서해 줄게"라고 하시면서 그냥 받아주시는 경우도 있지만, 다윗처럼 용서하시면서도 징계하실 수도 있습니다. 이것은 마치 아이들이 잘못했을 때, 용서는 하지만 잘못에 대해서는 "너 잘못했으니까 회초리 몇 대 맞을래?" 하는 것과 같습니다. 왜 그럴까요? 그것도 역시 우리에게 필요하기 때문입니다.[9]

그런데 다윗은 죄를 깨달았을 때 그리고 죄에 대한 징계를 경험할 때 어떤 모습을 보였습니까? 먼저, 그는 철저하게 회개했습니다. 오늘 본문을 보면, 다윗은 거의 일 년 동안이나 자신이 얼마나 크고 심각한 죄를 범했는지 알지 못했습니다. 아니면 아무도 모른다고 생각하고 모른척했는지도 모르겠습니다. 그런데 나단이 비유를 통해 그의 죄를 지적했을 때 즉시 인정하고 회개하였습니다. 그의 회개는 처절했습니다(시 51편). 이것이 다윗과 사울의 가장 큰 차이점입니다. 사울은 잠간 잘못을 인정했지만 결코 회개하지는 않았습니다.

우리도 마찬가지입니다. 우리는 죄인지 알면서도 죄를 지을 수 있고, 죄인지 알지 못하는 상태에서 죄를 지을 수 있습니다. 그런데 우리도 모르는 사이에 지은 죄에 대해서 하나님께서 말씀을 읽을 때, 기도할 때, 또는 설교를 들을 때 깨닫게 하실 수 있습니다. 이유와 과정이 어떻든 죄를 깨닫게 되면 가장 우선적으로 해야 할 일이 무엇이죠? 그것은 회개입니다. 왜 그렇습니까? 죄는 우리와 하나님 사이의 은혜의 통로를 막아버리기 때문입니다. 성경은 죄가 있으면 하나님께서 우리의 기도도 예배도 받지 않으신다고 말씀합니다.

여기에서 중요한 것은 회개는 단지 말로만 하는 것이 아니라는 것입니다. 진정한 회개는 지정의의 전인격적이어야 합니다. 내가 무엇을 잘못했는지 분명한 깨달음과 인정이 있어야 합니다. 그리

---

9) 그런데 장성하면 특별하거나 결정적일 때 말고는 하나님께서 징계를 잘 안하시는 것 같기도 합니다. 그것은 마치 우리가 아이들이 어릴 때는 매도 때리지만 장성하면 그렇게 하지 않는 것과 같은 원리입니다.

고 철저히 통곡해야 합니다. 뿐만 아니라 삶의 방향을 바꾸어야 합니다. 잘못한 죄에 더 이상에 머물러 있어서는 안 됩니다. 왜냐하면, 나의 잘못된 것을 끊고 삶의 방향을 바꾸기까지는 진정한 회개가 아니며 또한 그 전까지는 진정한 용서를 경험할 수 없기 때문입니다. 저는 우리 모든 성도들이 죄를 깨달았을 때 늘 신속하게 회개할 수 있기를 바랍니다. 그래서 하나님과의 관계가 온전해 지고 은혜의 통로가 막히지 않길 바랍니다.

다음으로, 다윗은 징계를 받아들였습니다. 오늘 본문을 보면, 다윗은 하나님의 징계를 그대로 받아들입니다. 아이가 죽었을 때도 사람들이 이상하게 생각할 정도로 그대로 받아들였습니다 (12:16-23. 참고. 삼하 15:25-26; 16:10-13). 12:22-23을 보겠습니다.

> 이르되 아이가 살았을 때에 내가 금식하고 운 것은 혹시 여호와께서 나를 불쌍히 여기사 아이를 살려 주실는지 누가 알까 생각함이거니와 지금은 죽었으니 내가 어찌 금식하랴 내가 다시 돌아오게 할 수 있느냐 나는 그에게로 가려니와 그는 내게로 돌아오지 아니하리라 하니라

히브리서 12장을 보면 하나님의 징계를 경험할 때 가져야 할 두 가지 자세를 말씀합니다. 하나는 경히 여기지 않는 것이고, 또 하나는 낙심하지 않는 것입니다. 그러니까 하나님께서 징계하시면 한 편으로는 그냥 넘기지 말고 마음에 깊이 새겨 평생의 교훈으로 삼아야 합니다. 그래서 같은 죄를 반복하지 말아야 합니다. 또 다른 한 편으로는 낙심하지 말고 받아들이면서 감사해야 합니다. 왜

냐하면 하나님께서는 우리가 망하도록 징계하시지 않고 우리를 살리기 위해 징계하시기 때문입니다. 뿐만 아니라 우리는 죄책감에 빠지지는 말아야 합니다. 툴툴 털어버려야 합니다. 다윗은 아이가 죽은 다음에 툴툴 털어버렸습니다. 종종 용서함을 받고도 죄책감 속에 사는 분들이 있습니다. 하나님께서는 우리가 죄책감을 가지고 위축되고 우울하게 살기를 원치 않으신 줄 믿습니다. 부모에게 혼난 자녀가 어깨가 축 처져 있는 것을 보고 싶어 하는 부모는 없는 것과 마찬가지입니다. 그런데 사탄은 계속 과거의 죄를 가지고 우리를 힘들게 할 수 있습니다. 잘한 일이나 잘못한 일 모두를 잊어버리고 푯대를 향해 달려가는 것이 우리의 할 일인 줄 믿습니다.

인간은 약한 존재이다

그러면 우리가 어떻게 하면 죄를 덜 짓고 살 수 있을까요? 오늘 본문에서 다윗이 주는 교훈은 무엇입니까? 먼저, 우리는 약한 존재이고 얼마든지 악하게 될 수 있음을 기억하는 것입니다. 우리가 지금까지 보아온 것처럼, 다윗은 근본적으로 믿음의 사람이었습니다. 중심이 바른 사람이었습니다. 놀라운 하나님의 은혜와 사랑을 경험한 사람입니다. 자기를 죽이려고 하는 사람조차도 용서할 수 있는 사랑과 절제력을 소유한 사람이었습니다. 어느 누구도 다윗이 이런 악한 죄를 지을 것이라고 생각할 수 없는 사람이었습니다.

그런데요 다윗은 충성스러운 부하의 아내와 간음죄를 지었습니다. 다윗은 분명 남의 아내와 동침하는 것이 죄라는 것은 알았습니다. 그렇기 때문에 우리아를 억지로 집에 보내려고 했던 것입니다. 그는 순간의 감정에 끌려 죄에 무너지는 약함을 보여주었습니다. 또한 다윗은 모든 사람이 분노를 일으킬만한 악한 방법으로 우리아를 죽였습니다. 물론 근본적으로 악해서 그런 죄를 끊임없이 짓는 사람도 있지만, 다윗은 근본적으로 악한 사람은 아니었던 것 같습니다. 그런데 왜 그렇게 죄에 약해지고 악한 모습을 보이게 되었을까요? 오늘 본문을 보면 다윗이 그렇게 약하고 악하게 무너지게 된 근본적인 원인은 영적인 나태와 자만이었습니다(삼하 11:1). 그것은 전쟁에 당연히 참석해야 함에도 불구하고 참석하지 않는 평소와는 다른 모습과 그렇게 엄청난 죄를 지었음에도 불구하고 나단이 지적할 때까지 가만히 있었던 죄에 대한 무감각으로 나타났습니다.

하나님께서는 다윗을 통해 인간이 얼마나 죄에 약해질 수 있는 존재인지 그리고 얼마나 악해질 수 있는 존재인지를 보여주셨습니다. 저는 우리 모두가 한 사람도 예외 없이 죄 앞에서 무너지지 쉬운 약한 존재이고 또한 순간적으로 자신이 상상할 수 없을 만큼 악해 질 수밖에 없는 존재임을 인정하고 늘 기억할 수 있기를 바랍니다.

우리의 할 일은?

그러면 우리가 약해지지 않고 악해지지 않기 위해서 우리가 할 일은 무엇일까요? 그것은 나태하거나 자만하지 않고 영적으로 '깨어 근신하는 것'입니다. 또한 깨어 근신한다는 말은 무엇을 의미합니까? 우선 깨어 근신한다는 말은 늘 두려움과 긴장 가운데 살아야 한다는 것을 의미하지 않습니다. 우리는 그렇게 살 수 없고, 그렇게 살아서도 안 됩니다. 깨어 근신하는 대표적인 방법은 기본적인 우리 신앙의 자세를 유지하는 것입니다. 다시 말해, 매일 규칙적으로 기도하고, 규칙적으로 말씀보고, 규칙적으로 공 예배드리는 것입니다. 신앙생활의 기본적인 부분에 소홀하거나 이탈하지 않는 것입니다. 실제로 만약 그러한 신앙의 기본적인 부분에 문제가 생길 때 우리는 조그마한 시험에도 넘어지고 내가 생각하지도 못한 죄를 범할 가능성이 있습니다. 저는 우리가 항상 깨어 근신하여 신앙생활의 기본적인 자세를 유지함으로 우리의 약함과 악함을 극복할 수 있기를 간절히 바랍니다.

다음으로 욕심과 탐심이 자리 잡지 못하게 해야 합니다. 오늘 본문에서 나단이 다윗에 한 이야기를 보면 다윗이 죄를 짓게 된 원인은 욕심과 탐욕이었던 것을 알 수 있습니다. 하나님께서는 이미 다윗에게 모든 것을 풍성하고 넘치도록 주셨습니다. 감히 생각조차 할 수 없었던 부와 귀와 명예를 주셨고, 이미 많은 부인들과 후궁들도 있었습니다(삼하 3:2-5; 삼하 15:15). 그러나 욕심과 탐욕으로 말미암아 밧세바를 취하였던 것입니다.

여러분, 우리에게 죄를 짓게 하는 가장 중요한 원인 가운데 하나는 욕심과 탐심입니다. 욕심은 내가 충분히 가지고 있으면서도 더 가지려고 하는 마음입니다. 탐심은 내 손에 충분한 것을 쥐고 있으면서도 남의 것이 더 크고 좋고 귀하게 보이는 것입니다. 약간의 차이는 있지만 둘은 비슷합니다. 같은 종입니다. 욕심과 탐심이 우리 안에서 발동하면, 죄를 짓지 않을 수 없습니다. 다윗처럼 힘이 있고 권력이 있고 지위가 있으면 강제로 어떤 것을 성취하고자 합니다. 강제로 빼앗을 수 있는 힘이나 권력이 없다면 편법과 거짓말과 속임수를 써서 욕심과 탐욕을 채우려고 합니다. 그래서 성경은 "욕심이 잉태한 즉 죄를 낳고 죄가 장성한 즉 사망을 낳는다"고 말씀합니다.

그런데요, 욕심과 탐심을 극복하기 위해 필요한 것이 있습니다. 그것은 자족과 감사입니다. 모든 상황에서 자족하고, 우리에게 주어진 것에 감사하는 것입니다. 자족과 감사는 욕심과 탐심의 반대 개념입니다. 성경은 자족하는 마음이 있으면 경건에 유익하다고 말씀합니다(딤전 6:6). 물론 자족과 감사의 마음을 갖는 것이 쉽지 않습니다. 사실 가지고 있는데도 더 갖고 싶고, 처음의 계획과 목표가 달성되었는데도 더 갖고 싶은 것이 우리의 모습이고, 남의 떡이 커 보이는 것도 죄악 된 본성을 가진 우리 모두의 모습입니다. 이 부분에서 자유로운 사람은 없습니다. 그러나 사도 바울이 고백한 것처럼 내게 능력주시는 자 안에서 우리는 자족하고 감사할 수 있을 줄 믿습니다(빌 4:13). 그렇기 때문에 주의 도우심을 구해야 합니다. 또한 훈련도 필요합니다. 바울도 자족하기를 배웠다고 했고(빌 4:11), 경건에 이르도록 네 자신을 훈련하라(딤전 4:7)고 말씀합니다.

오늘 본문에서 하나님께서는 다윗을 통해 죄가 우리 인생을 수치의 자리에 이르게 할 수 있다는 것을 보여주었습니다. 죄는 종종 마치 잘 지은 밥에 재를 뿌리는 것과 같은 결과를 가져올 수 있습니다. 실제로 우리는 주변에서 한 번의 죄로 평생에 쌓았던 명성과 존경과 업적이 수포로 돌아가게 하는 경우를 종종 봅니다. 저는 죄로 인해 우리가 수치의 자리에 이르지 않기를 바랍니다. 우리는 죄를 짓지 않기 위해서 우리도 얼마든지 죄에 넘어지고 악하게 될 수 있음을 인식하고 늘 깨어 근신하고 두렵고 떨림으로 살 수 있기를 바랍니다. 뿐만 아니라 주의 능력에 의지하여 욕심과 탐심이 우리를 사로잡지 못하도록 훈련하고 노력해야 할 것입니다. 그래서 의의 열매를 맺음으로 더 큰 하나님의 은혜와 사랑을 경험할 수 있기를 간절히 소원합니다.

말씀을 맺겠습니다.

오늘은 다윗의 죄와 징계의 과정을 통해 하나님께서 주신 교훈을 살펴보았습니다. 먼저, 죄는 세상 사람의 관점이나 실정법 차원에서 보아서는 안 되고, 하나님 앞에서 그리고 하나님의 말씀을 기준으로 적용해야 함을 말씀드렸습니다. 또한 죄에 대한 징계를 경험할 때 우리는 철저하게 회개해야 하고, 징계는 수용하되 죄책감에 사로잡히지는 말아야 한다고 말씀드렸습니다. 또한 죄를 짓지 않기 위해서 우리는 두 가지를 기억해야 하는데, 먼저, 우리는 약한 존재이고 얼마든지 악하게 될 수 있음을 기억해야 하고, 또한 욕심과 탐심이 자리 잡지 못하게 하고 대신 자족과 감사가 필요하다고 말씀드렸습니다. 이 은혜가 우리 모두에게 있기를 소원합니다.

사무엘하 16-20장(17:1-14)

머리를 들어주시는 하나님

다윗은 충성되고 능력 있는 부하였던 우리아의 아내를 범함으로 그의 평생에 다시 기억하고 싶지 않은 수치와 낭패를 경험했습니다. 우리는 지난주에 그 다윗이 죄를 짓고 징계를 경험하는 과정을 통해 하나님께서 우리에게 주시는 교훈을 함께 생각해 보았습니다. 먼저, 하나님의 백성인 우리는 세상 사람의 관점이나 실정법 차원에서 죄를 이해하고 적용해서는 안 되고, 하나님 앞에서 그리고 하나님의 말씀을 기준으로 죄를 이해하고 적용해야 한다고 말씀드렸습니다. 또한 죄에 대한 징계를 경험할 때 우리에게 두 가지가 필요하다고 말씀드렸습니다. 하나는 죄를 깨닫는 순간 우리는 철저하게 회개해야 합니다. 왜냐하면, 죄는 은혜의 통로를 막는 걸림돌이기 때문입니다. 두 번째로 히브리서 12장에서 말씀하는 것처럼 징계를 통한 교훈은 경히 여기지 말되 징계 때문에 낙심하거나 죄책감에 사로 잡혀서는 안 됩니다. 그리고 우리가 죄를 짓지 않기 위해 우리에게 두 가지가 필요하다고 말씀드렸습니다. 먼저, 다윗과 같이 우리도 약한 존재이고 얼마든지 악하게 될 수 있음을 기억하고, 주님 앞에 가는 그날까지 항상 깨어 근신해야 합니다. 다음으로 욕심과 탐심이 우리를 충동질 하지 못하도록 하고, 대신 자족과 감사가 우리를 지배하도록 해야 합니다. 저는 우리 모두가 평생에 죄로 말미암아 수치와 낭패의 자리에 이르지 않기를 간절히 소원합니다.

머리를 들어주시는 하나님

압살롬이 쿠데타를 일으켜서 성공하게 되자 백성들의 마음은 압살롬에게 기울게 되었습니다(15:12-13). 다윗은 가족들과 신하들을 데리고 도망합니다(15:14-16). 사무엘하 15:30에서 그 장면을 아주 리얼하게 묘사하고 있습니다. 다윗은 도망하면서 다양한 부류의 사람들을 경험하게 됩니다. 먼저, 가드 사람인 잇대는 외국인이었지만 마치 룻이 나오미를 따라 가려고 한 것과 같이 끝까지 다윗을 따르겠다고 하니까 다윗은 그것을 허락합니다. 그는 후에 세 명의 사령관 중 하나로 임명됩니다(삼하 18:2,5).

제사장 사독과 아비아달도 하나님의 궤를 메고 옵니다. 그러나 다윗은 믿음의 고백을 하면서 그들을 하나님의 궤와 함께 예루살렘에 돌려보냅니다(15:25-26). 그 과정에서 당대 최고의 모략가였던 아히도벨이라는 사람이 압살롬에게 붙었다는 이야기를 듣습니다. 그 때 다윗은 "아히도벨의 모략이 어리석게 하옵소서!"라고 기도합니다(15:31). 다윗의 친구(15:37)라고 명명된 아렉 사람 후새도 다윗을 따라가고자 했는데, 다윗은 후새를 압살롬에게 돌려보냅니다. 왜냐하면, 다윗은 자신이 사울에게 미움을 받을 때 요나단이 자신을 도와주었던 것과 같은 역할을 후새에게 기대했기 때문입니다(15:34).

그 와중에 므비보셋의 종 시바라는 사람이 등장합니다. 그는 므비보셋이 반역한 것처럼 거짓말을 해서 므비보셋의 재산을 갖게 됩니다. 사울이 속한 베냐민 지파의 시므이라는 사람은 다윗을 '피 흘린 자' 요 '사악한 자' 라고 하면서 저주를 퍼붓기도 하였습니다(16:7-8).

한 편 다윗이 도망간 후에 압살롬은 예루살렘을 차지하게 되었습니다(16:15). 그 때 아히도벨이 압살롬에게 다윗을 완전히 무너뜨리기 위해서 두 가지 제안을 합니다. 하나는 온 이스라엘의 무리들이 알게 다윗 왕의 후궁들과 동침하라는 것이었습니다. 왜냐하면, 당시에 이전 왕의 여인들을 차지하는 것은 정권 교체를 의미하였기 때문이었습니다. 다른 하나는 다윗의 군사가 정비되기 전에 자신이 군사들과 함께 뒤쫓아 가서 다윗 왕을 죽이겠다는 것이었습니다.

압살롬은 후새에게 아히도벨의 모략이 어떠한지 물어봅니다. 후새는 아히도벨의 제안은 위험하다고 말합니다. 다윗은 전쟁을 많이 해본 베테랑이기 때문에 그렇게 해서는 안 된다는 것입니다. 대신에 온 이스라엘 군대를 모아서 압살롬이 직접 전장에 가야 한다고 제안하였습니다. 당시에 모든 정황을 본다면, 아히도벨의 제안이 훨씬 적절하고 지혜로운 것이었습니다. 그러나 하나님께서 역사하심으로 아히도벨의 모략이 채택되지 못하였습니다(17:14).

그 결정은 그의 쿠데타가 실패로 돌아간 결정적 요인이 되었습니다. 그 사이에 후새는 제사장 사독과 아비아달에게 빨리 전령을 다윗에게 보내어 요단 강을 건너서 피하도록 전달하라고 합니다.

두 사람의 아들들인 요나단과 아히마아스가 그 소식을 전하러 가는데 한 청년에게 발각되어 그 사실이 압살롬에게 보고됩니다. 압살롬은 즉각 군사를 보내어 그 사람들을 잡고자 했으나 한 여인의 도움으로 우물에 숨어 있다가 무사히 다윗에게 가서 그 소식을 알립니다. 다윗은 무사히 요단강을 건너 마하나임으로 피신하게 됩니다.

이제 압살롬이 군대를 이끌고 요단강을 건너와서 다윗의 군대와 전쟁을 하게 됩니다. 일종의 토벌 작전이라고 할 수 있습니다. 하지만 하나님께서 함께 하심으로 다윗의 군대가 압살롬 군대를 격파하였고, 군대 장관이었던 요압은 상수리나무에 걸려 있던 압살롬을 죽이게 됩니다(18:14-15). 압살롬이 죽었다는 소식을 듣고 다윗은 슬퍼하며 통곡하고 웁니다(18:33; 19:4). 요압은 그러한 다윗의 모습에 '왕이 이렇게 슬퍼하면 전쟁에서 승리한 백성들이 어떻게 되겠느냐' 고 항의하였고, 다윗은 마음을 새롭게 하였습니다.

압살롬이 죽게 되자 다윗에게 돌아섰던 이스라엘 백성들의 마음이 다시 바뀌어 다윗을 다시 왕으로 모셔오자고 합니다(19:9-10). 다윗은 백성들과 함께 예루살렘에 귀환하게 됩니다. 그런데 20장을 보면, 베냐민 지파의 세바라는 사람이 또 다시 다윗에게 반기를 들고 반역합니다. 한 여인의 지혜로 다윗은 피 흘림이 없이 그 반란을 제압하고 나라는 다시 안정되게 됩니다.

오늘 본문은 다윗이 압살롬의 반역을 피해 도망갔다가 다시 왕권을 회복되는 과정들을 기록하고 있습니다. 오늘 본문의 상황을 잘 요약하면서, 오늘 본문에 다 언급되지 않는 부분을 보충 설명하고 있는 시편이 있는데요, 그것은 시편 3편입니다. 시편 3편을 보시면, 표제어가 '다윗이 그의 아들 압살롬을 피할 때에 지은 시'라고 되어 있습니다. 그래서 오늘 본문과 시편 3편을 함께 비교하면서 우리에게 주시는 교훈을 찾고자 합니다. 시편 3편을 보겠습니다. 1-2절은 당시 다윗의 상황을 아주 간단하지만 분명하게 말씀하고 있습니다.

> 여호와여 나의 대적이 어찌 그리 많은지요 일어나 나를 치는 자가 많으니이다 많은 사람이 나를 대적하여 말하기를 그는 하나님께 구원을 받지 못한다 하나이다

먼저 많은 사람들이 다윗을 대적했습니다. 압살롬 뿐 아니라 당대 최고의 책사였던 아히도벨도 다윗을 대적하게 되었습니다. 민심도 압살롬에게로 돌아섰습니다. 2절에서는 많은 사람들의 조롱이 있었다고 말씀합니다. 사람들이 "그는 하나님께 구원을 받지 못한다"고 비아냥거리고 수군수군하였습니다. 앞에서 본 것처럼, 시므이 같은 사람은 다윗을 '피 흘린 자요 악한 자'라고 하면서 대놓고 악담을 퍼부었습니다. 어쩌면 그러한 조롱과 비웃음은 고난 그 자체보다도 다윗을 더 고통스럽고 더 낙심되게 하였을 것입니다. 이것이 다윗이 압살롬을 피해 도망할 때의 경험했던 상황의 요약입니다.

여러분, 어떻습니까? 우리 가운데도 오늘 본문의 다윗처럼 악한 사람들로 말미암아 이런 저런 어려움 가운데 계신 분들이 계실 것입니다. 또한 다윗처럼 악한 사람들에게 당한 것은 아니지만,

단순히 또는 내 자신의 부족함과 연약함으로 인해 도저히 회복의 가능성이 없는 것처럼 보이는 심각한 어려움에 처한 분들도 계실 것입니다. 그것이 사업의 문제일 수 있고, 건강의 문제일 수 있고, 자녀들의 문제일 수 있고, 가정의 문제일 수 있고, 물질의 문제일 수도 있습니다.

그런데요, 종종 당면한 문제도 감당하기가 쉽지 않은데, 처한 상황보다 우리를 더 힘들게 하는 것이 있습니다. 그것은 주변 사람들의 수군수군함과 비아냥거림입니다. 어려움을 당할 때 우리는 주변의 하나님을 모르는 가족, 친척, 친구나 이웃 사람들로부터 "아니, 하나님 믿는다면서?" 또는 "하나님이 살아 계신 것을 보여 줘 봐~"와 같은 조롱을 들을 수 있습니다. 또한 어려움 가운데 있는데 평소에 시기하거나 좋지 않은 감정을 가진 사람들이 "참 안됐네~ 어쩌다 그렇게 됐어~" 하면서 은근히 좋아하거나 고소해 하는 모습을 보일 수도 있습니다. 그럴 때 우리는 당면한 어려움보다 더 큰 상처와 아픔을 경험합니다. 실제로 연예인들의 이야기를 들어보면, 어떤 어려움이나 자신의 부족함보다도 비난하고 조롱하는 악플이 더 큰 상처와 아픔을 준다고 합니다. 때로는 악플 때문에 극단적인 선택을 하는 경우도 있습니다.

그러면 그러한 상황에서 우리는 어떻게 해야 합니까? 3절입니다.

> 여호와여 주는 나의 방패시요 나의 영광이시요 나의 머리를 드시는 자이시니이다

그러한 상황에서 다윗은 위대한 믿음의 고백을 합니다. "그러나(우리말에는 생략되어 있습니다. 다시 말해, "많은 사람들이 나를 대적하고 나를 향해 조롱하고 있지만") 하나님은 나의 방패요, 영광이요, 머리를 드시는 자"라고 고백합니다. 하나님께서는 적들의 공격을 막아 주시고 보호해 주시는 방패라는 것입니다. 또한 하나님께서는 자신에게 영광을(또는 영광의 승리를) 주실 분이시라는 것입니다. 결국은 하나님께서는 자신의 머리를 들어주실 분임을 고백하고 있습니다. 머리를 들어주신다는 것은 무엇을 의미하죠? 머리를 들어주신다는 것은 자신을 회복시켜 주시는 분임을 의미합니다.

시편을 보면, 다윗은 자신이 처한 상황에 따라서 다양한 은유적 표현을 동원해서 하나님께 믿음의 고백을 합니다. '왕이신 나의 하나님'이라고 부르기도 합니다. 하나님은 나의 '목자'라고 부르기도 합니다. 하나님은 나의 '요새'시오 나의 '산성'이요 나의 '피할 바위'라고 부르기도 합니다. 모든 표현들 속에 은혜가 있습니다. 하나님을 향한 다윗의 많은 고백 가운데 저에게 많은 감동을 주고 가장 마음 깊은 곳에 남아 있는 표현 가운데 하나는 시편 3편에 있는 하나님은 '나의 머리를 들어주시는 분'이시다는 것입니다. 참으로 멋있는 표현 아닙니까? 다윗은 머리를 들어주시는 하나님에 대한 믿음이 있었기 때문에 6절에서 "천만인이 나를 에워싸 진 친다할지라도 나는 두려워하지 아니하리이다"고 고백하고 있습니다. 7절에서는 주께서 나의 모든 원수의 뺨을 치시며 악인의 이를 꺾으셨다고 노래합니다.

시편 3편과 관련된 유명한 역사적 사건이 있습니다. 아마 여러분들도 이스라엘의 6일 전쟁에 대해서 들어보셨을 것입니다. 6일 전쟁은 1967년 이스라엘과 아랍 연합군의 전쟁이었는데요, 인류 전쟁 역사에 손꼽힐만한 특별한 전쟁이었습니다. 당시 이스라엘의 인구는 250만 명 정도 밖에 안 되었고, 아랍 연합의 인구는 2억 명이 넘었습니다. 당연히 군사력도 도저히 상대가 되지 않았습니다. 그 전쟁에서 이스라엘이 6일 만에 승리하였습니다. 그것은 어느 누구도 예상하지 못했던 일이었습니다. 그런데 그 전쟁이 임박했을 때 당시 이스라엘 국방장관이었던 '모세 다얀(Moshe Dayan, 1915-1981)' 장군이 방송을 통해 전 세계를 향해 짧은 메시지를 전송했습니다.

우리는 2534년 만에 되찾은 조국 이스라엘을 지키기 위해 부득이 이 전쟁에 참여할 수밖에 없습니다. 만일 전쟁이 일어나면 우리는 최단 기간 내에 이 전쟁을 승리로 이끌 겁니다. 이유는 우리에겐 최신 무기가 있어 모든 장병들이 이 최신 무기로 무장되었기 때문입니다.

드디어 전쟁이 시작됐습니다. '모세 다얀' 장군은 장병들을 전선에 투입한 후 방송국 의자에 앉아 기회 있을 때마다 하나님의 말씀을 또박또박 정확히 읽어 주었습니다. 그때 그가 전선에 있는 장병들에게 읽어 준 하나님의 말씀이 시편 3편이었다고 합니다. 다얀 장군이 이야기한 최신 무기는 어떤 특별한 전쟁 무기가 아니라 시편 3편의 말씀과 그 말씀을 통해 우러난 믿음과 애국심이었던 것입니다.

사랑하는 여러분! 우리 하나님은 다윗의 고백대로 다윗의 머리를 들어주시는 하나님이셨습니다. 하나님은 다윗 뿐 아니라 우리의 머리를 들어주시는 하나님이신 줄 믿습니다. 그렇기 때문에 우리가 다윗과 같이 사방으로 우겨 싸임을 당해서, 또는 거꾸러뜨림을 당해서 도저히 회생의 가능성이 없어 보이는 상황에서도 시편 3편을 늘 묵상하고 낭송하면서 하나님은 반드시 우리의 머리를 들어주시는 분임을 믿고 고백할 수 있기를 바랍니다. 뿐만 아니라 다윗이 경험한 것처럼 두려움이 극복되고 머리를 들어주시는 하나님을 경험하기를 바랍니다.

기도가 필요하다

그런데요 하나님께서 우리의 머리를 들어주시는 분임을 고백하고 신뢰하면서 우리가 해야 할 일이 있습니다. 본문은 우리에게 세 가지를 말씀합니다. 먼저, 하나님께 기도하는 일입니다. 다윗은 머리를 들어주시는 하나님이심을 고백한 다음에 4절에 부르짖었다고 고백하고 있습니다. 그리고 하나님께서 성산에서 응답하셨다고 찬양하고 있습니다. 실제로 아히도벨이 배반했다는 소식을 들었을 때도 다윗이 할 수 있었던 유일한 것은 "하나님! 아히도벨의 모략이 어리석게 하옵소서!" 라고 기도하는 것이었습니다.

여러분! 우리가 신앙생활 하면서 꼭 알아야 될 중요한 원칙 하나가 있습니다. 그것은 하나님께서는 우리의 필요한 것, 원하는 것을 그냥 주시지 않는다는 것입니다. 물론 하나님께서 우리의 모든 사정을 아시고 예수님께서 우리를 위해 중보 기도하시기 때문에 주권적으로 주시는 경우도 있습니다. 그러나 그것은 하나님의 일반적인 원칙이 아닙니다. 하나님의 원칙은 기도라는 은혜의 통로를 통해 우리의 필요를 채워 주시고 하나님의 능력을 경험하게 하시는 것입니다. 여러분, 성경이 무엇이라고 말씀합니까? "구하라. 그러면 주실 것이요. 찾으라 그러면 찾아낼 것이요. 문을 두드리라 그러면 열릴 것이다"고 말씀합니다. 그냥 주시는 것이 아니라 구하면 주신다는 것입니다. 그냥 문이 열리는 것이 아니라 두드리게 하신 다음에 문이 열리게 하신다는 것입니다.

또한 예수님의 비유 가운데 밤중에 찾아온 친구의 비유가 있습니다. 어떤 사람에게 친구가 찾아왔습니다. 그런데 자기에게 줄 것이 없어서, 줄 수 있는 친구를 찾아갔습니다. 그 비유를 말씀하시면서 예수님께서 이렇게 말씀하십시다. 벗이기 때문에 준 것이 아니라 '강청함'을 인하여 주었다고 말씀하였습니다. 예수님께서 강조하신 것은 무엇이죠? 형식적인 기도가 아니라 강청하는 기도가 우리에게 필요하다는 것입니다. 예수님께서 하셨던 땀방울이 핏방울이 되는 기도입니다. 생명을 거는 기도입니다. 식음을 전폐하는 기도, 밤을 새는 기도, 일상적인 일을 잠시 떠나 기도원에 올라가 기도에만 전념하는 기도입니다.

그러면, 하나님께서 왜 강청하는 기도를 원하시나요? 그것은 그렇게 하는 것이 우리에게 유익하기 때문입니다. 강청하는 기도를 하지 않고 주시면 우리는 교만하거나 자신의 공로나 능력을 인정할 가능성이 아주 높습니다. 강청하는 기도를 통해 하나님께서 역사하실 때 하나님을 인정하고 또한 감사하고 감격해 할 수 있습니다. 우리 모두가 인간적으로 도저히 회복될 수 없는 상황에서도 우리의 머리를 들어주시는 하나님을 신뢰하면서 강청하는 기도, 부르짖는 기도를 드리기를 간절히 축원합니다.

사람들의 도움도 필요하다

다음으로, 사람의 도움이 필요합니다. 본문을 보면, 도망갔던 다윗의 왕위가 회복되었을 때 많은 사람들의 도움이 있었습니다. 물론 하나님께서 그렇게 하셨지만, 후새라는 사람을 통해 아히도벨의 모략이 무너지게 되었습니다. 제사장 사독과 아비아달의 도움도 있었고, 다윗에게 소식을 전해준 요나단과 아히마하스의 도움도 있었습니다. 한 여인을 통해 정탐꾼을 살려주셔서 그 소식을 다윗에게 전하게 하셨습니다. 이 때만 그런 것이 아닙니다. 이 전에 다윗이 사울의 손에서 죽지 않고 살도록 결정적으로 도움을 준 사람은 바로 사울의 아들 요나단이었습니다. 지난주에 본 것처럼 다윗의 잘못을 깨닫게 한 것도 나단 선지자였습니다. 하나님께서는 다윗의 전 생애를 통해서 결정적일 때마다 돕는 자들을 붙여주셔서 다윗을 깨닫게 하시고 도우시고 구하셨습니다.

여러분, 하나님께서 우리의 머리를 들어주시는 과정에서 우리가 기억해야 할 또 하나의 원칙은 하나님께서는 사람을 통해 우리를 도와주신다는 것입니다. 저의 생애를 뒤돌아보더라도 하나님께서 결정적일 때마다 돕는 사람들을 붙여 주셔서 저의 필요를 채워주시고 인도해 주셨습니다. 참 감사할 일입니다.

물론 사람은 믿음의 대상이 아닙니다. 사람은 언제 어떻게 우리를 실망시킬지 모릅니다. 우리 모두가 경험하셨으리라고 생각하는데 사람을 믿음의 대상으로 삼고 의지하면 우리는 반드시 상처를 받습니다. 오늘 본문에도 보면 많은 사람들이 등장합니다. 물론 가드 사람 잇대나 후새나 사독과 같이 끝까지 신의를 저버리지 않는 사람들도 분명히 있습니다. 하지만 그렇지 않는 사람들이 훨씬 더 많았습니다. 우선 온 이스라엘 백성들이 그랬습니다. 그들은 순식간에 다윗을 떠나 압살롬에게로 갔다가, 순식간에 다시 다윗을 지지하였습니다.

아히도벨도 다윗을 돌아섰습니다. 므비보셋의 종인 시바는 다윗이 어려움을 당하자 자신의 이익을 챙기기에 여념이 없었습니다. 시므이는 다윗을 저주했다가 다시 용서를 구하기도 하였습니다. 우리가 이 땅을 살아가면서 또는 어려움을 당하면서 그러한 사람들을 반드시 만납니다. 그렇게 친한 것 같고 생사고락을 같이 할 것 같은 사람들이 결정적인 상황에서 자신의 실속을 챙기거나 나 몰라라 하는 경우가 있습니다. 심지어는 배신하기도 합니다. 어떤 사람들은 사람에 대한 실망 때문에 화병이 생기기도 합니다. 그러니까 사람들에게 절대적인 기대치를 두지 않는 것이 지혜롭게 사는 것입니다.

그럼에도 불구하고 우리는 다른 사람들의 도움을 배척하거나 무시하지 말아야 합니다. 왜 그렇습니까? 하나님께서 사람을 통해 나를 도우시고 문제 해결의 길을 열어 주시기 때문입니다. 이 지점에서 우리의 기도의 제목이 있습니다. 그것은 우리 인생을 살아가면서 많은 사람들을 만나고 교제하게 되는데 실망을 경험케 하는 사람들보다 감사의 고백을 하게하는 사람들을 더 많이 만나는 것입니다. 우리 모두가 다윗과 같이 전 생애를 통해서 결정적일 때마다 하나님께서 돕는 자들을 붙여 주셔서 그들을 통해 깨닫고 도움을 받고 인생의 형통함을 경험할 수 있기를 간절히 축원합니다.

지혜도 필요하다

　세 번째로, 지혜가 필요합니다. 오늘 본문을 보면 다윗이 왕으로 회복될 수 있는 결정적인 계기가 된 사건은 아히도벨의 모략이 채택되지 않은 것입니다. 그런데 어떻게 아히도벨의 모략이 무산되었나요? 무엇보다도 다윗은 아히도벨의 모략이 어리석게 해 달라고 기도했습니다. 그러면서 자신이 할 수 있는 일을 했습니다. 먼저, 사독과 아비아달에게는 돌아가서 진행되는 상황을 알려 달라고 합니다. 그리고 아히도벨에 버금가는 책략가인 후새를 거짓 투항하게 만듭니다. 다윗은 머리를 들어주시는 하나님을 경험하는 과정에서 지혜롭게 전략을 짜서 행했던 것을 알 수 있습니다.

　여러분, 이 세상을 살아가면서 또는 어렵고 힘든 상황을 극복하는 과정에서 우리에게 지혜가 필요한 줄 믿습니다. 그런데 여기에서 한 가지 생각할 일이 있습니다. 오늘 본문에서 다윗이 후새와 사독을 스파이로 보내고 압살롬을 속인 것을 작전이요 지혜라고 했는데 '그렇다면 우리도 살아가면서 작전상 적절하게 거짓말하고 속여도 되는가?' 입니다. 여러분 어떻습니까?

　사실 다윗의 생애를 보면 이 때만 거짓말하고 다른 사람을 속인 것이 아닙니다. 다윗은 사울과 압살롬을 피해 도망하면서 자주 거짓말도 하고 속임수를 사용하기도 하였습니다. 무엇보다도 사울을 피해 도망할 때 요나단과 함께 사울에게 거짓말과 속임수를 사용합니다. 블레셋 가드에서는 미친척하며 침을 흘리기도 하였습니다(삼상 21:10-15). 시글락에 살 때에는 주변 나라들을 공격하면서도 이스라엘 변경을 공격하는 것처럼 속이기도 했습니다(삼상 27:11-12). 특별히 오늘 본문에서 다윗은 사독과 후새를 스파이로 압살롬에게 보냄으로 거짓과 속임수의 극치를 보여주고 있습니다.

이러한 일들을 어떻게 이해해야 합니까? 좀 더 구체적으로 지혜롭게 산다는 것과 거짓말을 하는 것 또는 속이는 것을 어떻게 이해해야 합니까? 성경은 너무도 분명하게 거짓말을 하지 말라고 합니다. 하지만 성경을 보면 하나님께서 종종 거짓말을 용납하기도 하고 때로는 칭찬하기까지 합니다. 그렇다면 그 기준이 무엇입니까?

저는 하나님께서 거짓말을 허용할 때가 크게 두 가지 경우라고 믿습니다. 먼저는 거짓말이 하나님의 뜻을 이루기 위한 생명을 건 믿음의 행동일 때입니다. 예를 들어, 출애굽기 1장에 보면 바로 왕이 이스라엘의 아들을 다 죽이라고 하자 산파들이 거짓말을 했습니다. 기생 라합도 거짓말로 정탐꾼을 살려줍니다. 그런데 그들은 믿음의 사람으로 칭찬을 받습니다. 왜냐하면, 그들에게는 하나님에 대한 두려움이 있었고 그들의 거짓말은 생명을 건 믿음의 행동이었기 때문입니다. 요나단이나 후새의 거짓말도 생명을 건 믿음의 행동이라고 할 수 있습니다. 그래서 하나님께서 허용하시고 도와주신 것입니다. 오늘날로 말하면, 선교지에서 신분을 속이는 것도 이에 속할 것입니다. 그러나 아브라함이 바로 왕에게 사라를 누이라고 속이는 것이나 다윗이 도망자 생활을 하면서 아기스 왕을 속이는 것은 잘못된 것입니다. 성경은 분명히 그들이 두려워하였기 때문이라고 말씀합니다. 그것은 믿음의 행동이 아니고 두려움으로 인한 믿음이 없는 행동이었습니다. 그래서 하나님께 책망을 받았습니다.

하나님께서 거짓말을 허용하는 다른 하나는 전투의 상황입니다. 이스라엘이 가나안을 점령할 때나 다윗이 다른 나라들과 전쟁할 때 하나님께서는 자주 속임수를 쓰도록 하십니다. 그것은 속임수라기보다는 작전이라고 할 수 있습니다. 오늘 본문에서 후새나 사독의 속임수도 악한 세력과의 전투에서의 작전이라고도 할 수 있습니다. 요약하면, 악한 세력과 싸우는 과정에서 생명을 건 믿음의 행동이나 작전상 거짓과 속임수에 대해서는 하나님께서 허용하신다는 것입니다.

이 원리는 우리의 신앙생활과 삶에도 적용됩니다. 왜냐하면 성경은 우리의 신앙생활과 삶도 '악한 세력과의 영적 전투'라고 말씀하기 때문입니다. 다시 말해, 우리의 신앙생활과 삶에서도 악한 세력과 싸우는 과정에서 또는 영적 승리를 위해 작전과 지혜의 방편으로 거짓말이나 속임수가 필요할 때도 있다는 것입니다. 예수님께서도 우리가 이 세상을 살아가면서 "뱀처럼 지혜롭고 비둘기처럼 순결"해야 한다고 말씀합니다(마 10:16). 그것은 우리가 살고 있는 세상은 마치 이리떼 가운데 양이 있는 것과 같은 상황이기 때문이라는 것입니다. 우리가 살고 있는 세상은 악한 영이 여전히 맹렬하게 활동하고 있기 때문에 우리는 순결하지만 뱀처럼 지혜롭게 살아야 할 줄 믿습니다.

그런데 뱀처럼 지혜롭게 사는 과정에서 발생하는 문제점들이 있습니다. 크게 두 가지인데요. 하나는 많은 경우 우리는 하나님께서 용납하지 않으시는 거짓말을 한다는 것입니다. 심리학자들에 따르면, 사람은 하루 평균 무려 200번, 또는 10분의 대화에서 대략 2번의 거짓말을 한다고 합니다. 이 수치가 얼마나 정확한지 모르겠지만 아무튼 우리는 거의 대부분 자신을 드러내기 위해서, 순간적인 위기를 모면하기 위해서, 또는 약간의 이익을 취하기 위해서 거짓말을 합니다. 그러니까 거의 대부분 우리는 하나님께서 용납하지 않는 거짓말을 하며 삽니다.

다른 하나는 종종 우리의 거짓과 속임수가 하나님께서 용납하시는 것인지 아니면 하나님께서 용납하지 않으시는 것인지 분명치 않거나 또는 우리가 잘 판단하지 못할 때가 있다는 것입니다. 그럴 때는 목회자들이나 신앙의 선배들에게 물어 보는 것이 좋습니다. 만약 물어보는 것이 여의치 않을 때에는 마음을 열고 순수한 마음으로 하나님의 깨닫게 하심과 도우심과 인도하심을 기도해야 합니다. 그리고 하나님께서 평안한 마음을 주시는 쪽으로 결정해야 합니다.

사랑하는 성도 여러분,
우리는 기본적으로 비둘기처럼 단순하고 순수하고 진실하게 살아야 합니다. 그러나 이 악한 세상에서 악한 세력들과 대항하는 과정에서 또는 복음을 전하는 과정에서 뱀같이 지혜로워야 할 때도 있습니다. 예수님의 말씀처럼 지혜와 순결이 균형을 이루어야 합니다. 그러나 믿음과 순결을 벗어난 지혜가 되어서도 안 되고, 지혜가 전적으로 무시된 믿음과 순결이어서도 안 됩니다. 저는 우리 모두가 모든 상황에서 뱀같이 지혜롭고, 비둘기같이 순결한 삶을 살 수 있기를 간절히 바랍니다.

말씀을 맺겠습니다.

오늘 본문은 하나님께서 다윗을 회복시키는 과정을 말씀하고 있습니다. 하나님께서는 다윗의 머리를 들어주시는 하나님이셨습니다. 우리에게도 모든 상황에서 우리의 머리를 들어주시는 하나님에 대한 믿음의 고백과 신뢰가 있기 바랍니다. 뿐만 아니라 믿음의 고백과 함께 우리에게 필요한 것이 있는데 그것은 간절한 기도요, 돕는 사람이요, 뱀 같은 지혜라고 말씀드렸습니다. 저는 우리 모든 성도들의 생애 동안에 항상 머리를 들어주시는 하나님을 경험할 수 있기를 축원합니다.